Bruna Jachemet

I0102047

A regulação dos pagamentos eletrônicos: interoperabilidade e desafios jurídicos

1ª Edição

InHouse

São Paulo

2018

Ficha Catalográfica

Bruna Jachemet

A regulação dos pagamentos eletrônicos: interoperabilidade e desafios jurídicos

1ª Edição

InHouse

São Paulo

2018

*"The reason I don't have a plan is because if I have
a plan I'm limited to today's options".*

Sheryl Sandberg

PREFÁCIO

Quando fui chamado pela Bruna a fazer parte da banca examinadora do seu trabalho que posteriormente transformou-se nesta obra, senti-me lisongeado. Comecei a fazer a análise do seu trabalho e a primeira palavra que me veio à cabeça durante a minha leitura foi: coragem.

Estava eu diante de uma obra única, abordando uma legislação nova sem qualquer precedente acadêmico e em plena mutação pelo Banco Central do Brasil. Mais ainda, adentrando um assunto espinhoso que é a interoperabilidade.

A interoperabilidade, assunto não corriqueiro no mercado bancário brasileiro, é algo teoricamente muito interessante. Todavia, a sua implementação prática tem se mostrado um grande desafio.

Não só pela dificuldade jurídica de se abordar um modelo que funcione de forma equilibrada como também considerar os desafios do direito brasileiro, em especial a responsabildiade solidária nas relações de consumo.

Imagine-se celebrar um contrato onde dois arranjos de pagamento concordam em permitir que recursos fluam de um arranjo a outro sem uma percepção clara por parte do usuário. Em outras palavras, o UX (user experience) é algo extremamente fluido, bastando apenas clicar um botão na tela do seu telefone ou consentir no início do relacioamento de uma plataforma eletrônica.

Porém por traz dessa fluidez sistêmica e de experiência há um mundo jurídico onde relações contratuais e obrigacionais precisam ser decididas e estabelecidas em contratos. E aí ocorre uma eventual falha na prestação do serviço de uma das partes nessa relação. Como lidar com isso? Afinal, por força de princípios consumeristas, todos na cadeia são responsáveis. Como determinar onde começa uma responsabiulidade e termina outra? E como se proteger ou ser indenizado pela falha da outra parte? E se esta parte não tiver capacidade financeira para indenizar ou simplesmente não existir mais?

São os desafios jurídicos que surgem das novas tecnologias e novas regulamentações. São desafios que obrigam os advogados e operadores do direito a terem de mudar seus preconceitos utilizados até então e utilizar uma raciocínio "fora da caixa".

Mas para conseguir entrar nesta explicação Bruna decidiu colocar no papel de forma lógica o que diz a lei e a sua regulamentação antes de adentrar na temática da interoperabilidade.

Como resultado consigo dizer que Bruna preparou um dos primeiros (senão o primeiro) livro que aborda os arranjos de pagamento. Então se da leitura desse prefácio você leitor ficou com muitas dúvidas inclusive de conceitos, comece a ler já! Ao final da leitura você poderá ser considerado um dos poucos privilegiados que passa a entender esse novo mercado de meios de pagamento.

Uma boa leitura!

Bruno Balduccini

SUMÁRIO

INTRODUÇÃO

Este livro é resultado da pesquisa desenvolvida para a eloboração de dissertação apresentada à Escola de Direito de São Paulo (FGV Direito SP) como requisito para obtenção do título de mestre do mestrado profissional em direito, na linha de pesquisa de direito aplicado aos negócios. A dissertação foi produzida sob orientação da professora doutora Monica Steffen Guise Rosina e com a contribuição dos membros da banca de defesa, mestre Bruno Balduccini, mestre Bruno Magrani, doutor Caio Mario Pereira Neto e doutor Fernando Cardozo Fernandes Rei.

Por se tratar de um mestrado profissional, a escolha do tema deveria abordar um tema da vivência no direito dos negócios. Fui advogada da Mastercard — ou seja, de um instituidor de arranjos de pagamento —, e contribuí para a preparação do regulamento da bandeira, submetido à aprovação do Banco Central do Brasil. Ao escolher o tema para o trabalho de conclusão de curso me vi instigada a abordar o tema interoperabilidade. De início exitei, por se tratar um tema não explorado, mas depois tomei coragem para embrenhar-me neste assunto que carecia de conceitos e definições.

Assumido o desafio, dei-me conta de que tampouco havia literatura consolidada sobre a recente regulação dos meios de pagamento. Por isso, decidi fazer um mapeamento da nova regulação dos meios de pagamento e, também, conceituar interoperabilidade no âmbito dos pagamentos eletrônicos. Também com certo atrevimento publico a presente pesquisa, sem pretensão alguma de exaurir o tema e como contribuição à produção textual sobre pagamentos eletrônicos e interoperabilidade.

As dificuldades encontradas para o desenvolvimento da pesquisa foram a escassez de literatura nacional sobre a rede de contratos dos sistemas de pagamento eletrônico, a incipiência da teoria da interoperabilidade na tecnologia, a falta de aprovação pelo Banco Central e de publicação dos regulamentos dos arranjos de pagamento e a existência de diretrizes informais, não documentadas pelo regulador. A propósito, a escassez de publicidade sobre os planos de cada empresa acerca da interoperabilidade foi um dos desafios encontrados no desenvolvimento do terceiro capítulo deste trabalho. O mapeamento das diferentes interpretações do conceito de interoperabilidade exige, por óbvio, o conhecimento das intenções dos agentes a respeito da extensão do próprio conceito de interoperabilidade. Diante da escassez de formalização pelos agentes sobre suas intenções (por razões óbvias de proteção aos seus planos de negócios), foram utilizadas informações disponibilizadas em notícias e fóruns. Oportuno referir que a pesquisa foi desenvolvida exclusivamente com base em informações públicas e advindas de discussões comuns aos agentes do mercado de pagamento e não devem ser tidas como informações confidenciais a que a autora possa ter tido acesso.

O presente trabalho é direcionado para aqueles que atuam no mercado de meios de pagamento eletrônicos e também àqueles que, embora não familiarizados com o tema, tenham interesse em compreender a regulação dos meios de pagamento eletrônicos.

Mais que isso, é um convite a que mais obras sobre pagamentos eletrônicos e sobre interoperabilidade sejam publicadas, especialmente para enfrantar tantos pontos não cobertos por esta pesquisa.

INTRODUÇÃO

Este estudo tem com objeto o princípio da interoperabilidade nos meios de pagamento eletrônicos, trazido pela regulação dos arranjos de pagamento no âmbito do Sistema de Pagamentos Brasileiro (SPB) a partir do ano de 2013. O propósito da pesquisa é analisar os desafios jurídicos que emergem a partir do conceito trazido adotado pela regulação e das diferentes interpretações do princípio da interoperabilidade. A análise do princípio da interoperabilidade busca identificar, ainda, os possíveis impactos de sua interação com a inovação e com a concorrência nos meios de pagamento.

A relevância do tema se justifica, inicialmente, no crescimento expressivo dos pagamentos eletrônicos no Brasil em detrimento de pagamentos em papel, atribuído ao menor custo dos pagamentos eletrônicos para a sociedade e à sua maior conveniência para os usuários. No que tange especialmente à interoperabilidade, a relevância reside nos possíveis reflexos de sua aplicação no mercado, como maior competitividade, maior diversidade e menor custo.

Para adentrar na análise do tema, é feita uma abordagem inicial e sitematizada sobre a regulação dos meios de pagamento e, posteriormente, o estudo da interoperabilidade. Assim, o estudo está divido em duas etapas: na primeira — composta pelos capítulos 1 e 2 — é feita uma abordagem geral sobre os arranjos de pagamento e sobre as redes contratuais dos sistemas de pagamento. Na segunda etapa, consolidada no capítulo 3, é analisado especificamente o princípio da interoperabilidade nos meios de pagamento.

Assim, no primeiro capítulo são estudados os arranjos de pagamento. Inicialmente, é feito um breve apanhado histórico sobre a origem e o desenvolvimento dos pagamentos eletrônicos. Na sequência, são avaliados o contexto que levou à regulação dos pagamentos eletrônicos no Brasil e os princípios escolhidos para nortear a regulação. São, ainda, analisados os diferentes tipos de arranjos de pagamento segundo a classificação adotada pela regulação. Desde já cabe ressalvar que a pesquisa se limita à análise dos pagamentos eletrônicos no âmbito dos arranjos de pagamento integrantes do sistema brasileiro de pagamentos. Ainda na etapa conceitual, no capítulo 2 é estudada a rede contratual que ampara os arranjos de pagamento. Para tanto, são elencados os atores das redes contratuais — instituidor e arranjo de pagamentos, participantes, usuários finais e outros atores — e avaliadas as interações contratuais entre eles. A análise contratual é feita por amostragem e com o objetivo de entender a distribuição de riscos e de responsabilidades na capítulos contratual.

Os dois primeiras seções, portanto, têm abordagem meramente descritiva e sem problematização ou análise crítica sobre a regulação e as práticas de mercado. A finalidade é meramente instrumental, para servir à contextualização e ao embasamento para o estudo da interoperabilidade nos meios de pagamento eletrônico.

O terceiro capítulo, então, aborda o conceito de interoperabilidade e a sua aplicação nos meios de pagamento eletrônico segundo a regulação brasileira. São avaliados os benefícios e os riscos da interoperabilidade e seus possíveis impactos sobre a inovação e a concorrência. Para tanto, é utilizada uma teoria geral da interoperabilidade e apresentam-se exemplos de outras áreas. São mapeadas as diferentes interpretações dadas à interoperabilidade por diversos atores do mercado segundo seus interesses, na medida do possível, consideradas as limitações pela atualidade do tema e pela falta de publicidade do planejamento dos atores envolvidos. Essas diferentes perspectivas são confrontadas com o conceito de interoperabilidade adotado pelo regulador, com o objetivo de propor uma definição da extensão do princípio da interoperabilidade.

Portanto, objetivo da pesquisa é contribuir para a conceituação de interoperabilidade no âmbito dos arranjos de pagamento e para a reflexão sobre o nível ótimo de interoperabilidade, a fim de debater sobre a contribuição da regulação para a inovação e a concorrência nos meios de pagamento eletrônicos.

1. OS ARRANJOS DE PAGAMENTO

O presente capítulo tem por objetivo explicar o que são arranjos de pagamento, a partir de uma análise histórica e da regulação dos pagamentos eletrônicos. A proposta é que se possa, ao final deste capítulo, compreender a origem da regulação e os seus princípios, assim como identificar os diferentes tipos de arranjos de pagamento.

Como ponto de partida[1], cabe ilustrar quem são os principais atores de um arranjo de pagamento . No tradicional modelo de quatro partes, o instituidor do arranjo de pagamento provê a rede de tecnologia que sustenta o sistema de pagamentos. Participam dos arranjos por ele instituídos os emissores (que emitem cartões de pagamento) e as credenciadoras (que credenciam estabelecimentos comerciais, também conhecidas como "adquirentes"[2]).

---

[1] No passado chamado pelo BACEN de esquema de pagamentos, sendo que o instituidor do arranjo de pagamentos era chamado de proprietário do esquema.

[2] Adquirência significa *adquirir* transações para o sistema; isto é, significa dar entrada a um pagamento na rede. A adquirência é feita pelos adquirentes, também chamados de credenciadoras. Neste trabalho, será preferido o termo credenciadoras.

Estes, por sua vez, se relacionam com os compradores e com os vendedores, respectivamente, como ilustra o esquema a seguir.

Esquema 1 - Modelo de quatro partes.

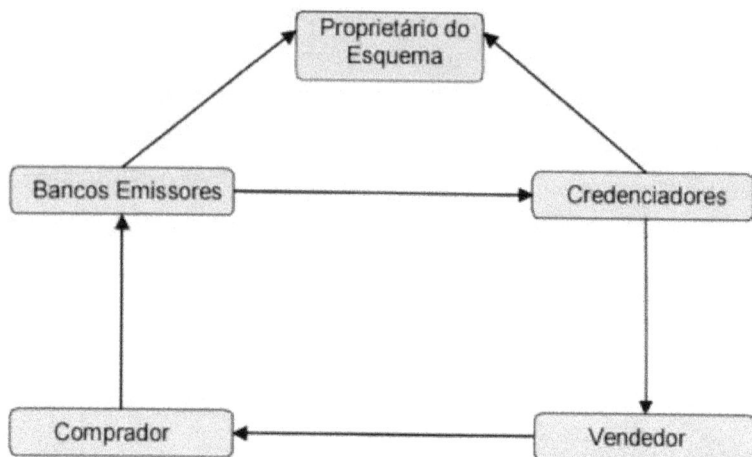

Fonte: Banco Central do Brasil et al. (2010, p. 23), adaptado pela autora.

O fluxo transacional do pagamento se inicia com a apresentação de um instrumento de pagamento (no exemplo que segue, um cartão) a um estabelecimento comercial para a aquisição de produtos e serviços. A partir daí, os dados da transação trafegam pela credenciadora, pela bandeira e pelo emissor, para aceitação e autorização da transação. Ao final, o portador do cartão efetua o pagamento ao emissor e o estabelecimento comercial entrega a mercadoria ou o serviço ao consumidor. Em paralelo, ocorre o fluxo financeiro de pagamento, que é abordado em detalhes no próximo capítulo. Por ora, importa mencionar que o consumidor paga ao emissor; o emissor paga à credenciadora; e a credenciadora repassa o valor ao estabelecimento comercial (não necessariamente nessa ordem). As relações entre os atores podem ser assim ilustradas:

Esquema 2 - Funcionamento do sistema de cartões.

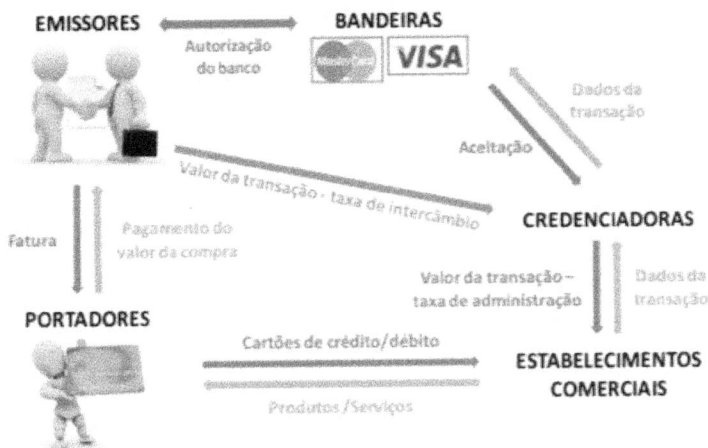

EMISSORES

Autorização
do banco

BANDEIRAS

VISA

Dados da
transação

Aceitação

CREDENCIADORAS

Fatura

Valor da transação - taxa de intercâmbio

Pagamento do
valor da compra

Valor da transação –
taxa de administração

Dados da
transação

PORTADORES

Cartões de crédito/débito

Produtos / Serviços

ESTABELECIMENTOS
COMERCIAIS

Fonte: Tendências Consultoria Integrada (2011, p. 7).

A concretização de uma transação de pagamento eletrônica é, como demonstra o esquema resumido no esquema 2, o resultado da complexa atuação entre vários atores, em rede. As redes de pagamentos como a ora ilustrada são chamadas "sistemas de pagamento eletrônico" e compreendem os meios de pagamento eletrônico. Os meios de pagamento eletrônico mais populares são os cartões de pagamento, como cartões de débito e crédito.

A relevância dos pagamentos eletrônicos é evidenciada pelos expressivos volumes financeiros que trafegam por seus sistemas, assim como pela significativa expansão dos meios de pagamento em comparação com meios de pagamento em papel. No Brasil, no final de 2015, havia mais de 98 milhões de cartões de débito ativos e mais de 86 milhões de cartões de crédito ativos (BANCO CENTRAL DO BRASIL, 2016d). Em 2016, havia mais de 4,1 milhões de equipamentos POS[3] no Brasil. Mais de 12 bilhões de transações[4]

[3] POS: Point of sale; em português: ponto de venda. Corresponde ao equipamento de recebimento de pagamentos com cartão nos pontos de venda. É também chamado de "terminal de aceitação" e popularmente conhecido como "maquininha".

domésticas com cartões de débito e de crédito foram feitas no ano de 2016 no Brasil (BANCO CENTRAL DO BRASIL, 2017e). O volume total de transações em 2017 excedeu 1,36 trilhão e, pela primeira vez, superou o número de saques e de cheques compensados (AS-SOCIAÇÃO BRASILEIRA DAS EMPRESAS DE CARTÕES DE CRÉDI-TO E SERVIÇOS, 2018b, p. 6, 13).

Neste capítulo, são analisados, a partir do histórico dos meios de pagamento eletrônicos, a regulação desses pagamentos no Brasil, ocorrida a partir de 2013, seus princípios e a classificação dos arranjos de pagamento. A análise sobre o nascimento e o desenvolvimento dos pagamentos eletrônicos é essencial para o entendimento sobre o modo como os participantes dos sistemas de pagamento estruturaram suas obrigações em rede. De outro lado, leva à compreensão dos motivos que conduziram à regulação e à definição dos princípios norteadores da mesma regulação. O estudo sobre a conformação dos sistemas de pagamento leva, também, à análise sobre a classificação dos arranjos de pagamento na regulação.

Em conjunto, o histórico, a regulação e os princípios dos meios de pagamento eletrônicos e a classificação dos arranjos de pagamento permitem a compreensão sobre esses sistemas e, mais adiante, a análise específica da aplicação do princípio da interoperabilidade nos meios de pagamento eletrônicos.

1.1 BREVE HISTÓRICO

Os meios de pagamento, como forma de circulação de riqueza, existem desde os primórdios da civilização. O objetivo deste tópico

---

[4] A expressão "transação" é utilizada como referência à transação de pagamento eletrônico, definida no artigo 2º, III, da Resolução Bacen/CMN nº 4.282/2013 como "ato de pagar, de aportar, de transferir ou de sacar recursos independentemente de quaisquer obrigações subjacentes entre o pagador e o recebedor". Ao longo deste trabalho, não se utiliza a palavra "transação" sob o significado de acordo ou composição, previsto no capítulo XIX do Código Civil Brasileiro (Lei nº 10.406/2002), tampouco sob o sentido econômico, como em "custos de transação", salvo se expressamente assim for indicado.

é fazer uma digressão sobre a evolução das formas de pagamento para compreender o surgimento dos sistemas eletrônicos de pagamento, embora não se pretenda aqui discorrer sobre as formas primitivas de pagamento e de troca de bens. Essa análise da evolução das formas de pagamento, bem como de seus desafios, é fundamental para compreender o desenvolvimento dos pagamentos eletrônicos e sua regulação. As diferentes formas de pagamento apresentam vantagens e desvantagens e, historicamente, foram apresentadas como soluções inovadoras a problemas enfrentados pelos participantes de transações de pagamento.

A análise dos meios de pagamento parte do conceito de dinheiro, uma vez que que este é intimamente ligado ao conceito de pagamento. Schumpeter refere que o dinheiro não é um conceito em si mesmo, mas um conceito que sempre remete ao pagamento:

> Independentemente do ponto de vista que se use para delimitar o conceito de dinheiro, esse **dinheiro é sempre usado como meio de pagamento** para o ajuste provisório das relações de crédito derivadas da não simultaneidade das prestações e das contra-prestações que entram no processo de compensação econômica. (SCHUMPETER, 2014, p. 218, tradução livre, grifo da autora)[5].

O dinheiro — assim entendido como valor, e não como papel-moeda — como meio de pagamento tem basicamente duas principais características: consolidar unidades de medida e garantir a liquidez do pagamento. Em outras palavras, as principais características do dinheiro são a padronização e a confiabilidade, segundo Evans e Schmalensee (2005, p. 26-27). A partir dessas duas características essenciais, Evans e Schmalensee apontam as

---

[5] No original em inglês: "Regardless of the viewpoint one uses to delimit the concept of money, this money is always used as **means of payment** for the, as we have seen, provisional adjustment of credit relations deriving from the non-simultaneity of the services and counter-services entering into the economic clearing process".

quatro principais inovações que marcaram a história do dinheiro: o nascimento do dinheiro na forma de moedas metálicas, na Lídia, no século VII A.C.; a criação de cheques, que prometiam pagamento em dinheiro, em Veneza, no século XII; a criação do papel-moeda, em Massachusetts, em 1690; e a emergência do dinheiro eletrônico por meio de cartões de pagamento e outros métodos eletrônicos, no século XX. Cada uma dessas quatro inovações gira em torno de problemas e soluções, como descrevem os autores.

A primeira inovação, o nascimento do dinheiro em moedas metálicas, trouxe as vantagens de consolidar unidades de medida de forma padronizada. As moedas possibilitaram a fixação de preços de produtos e favoreceram o intercâmbio, ao facilitar a posse e o porte dos ativos com liquidez (EVANS; SCHMALENSEE, 2005, p. 27).

Quase 2 mil anos depois, e sem eliminar as moedas metálicas como forma de circulação do dinheiro, foram criados os cheques, o que representou a segunda grande inovação na história do dinheiro. Os cheques, de acordo com Evans e Schmalensee (2005, p. 28), eram pedaços de papel emitidos por um banco na versão de "letra de câmbio" que prometiam pagamento em moedas. Os cheques surgiram no século XII no comércio veneziano e resolveram o problema do transporte e da troca de moeda no comércio marítimo, pois eram mais leves e fáceis de transportar do que moedas de ouro e prata. Além de mais práticos e seguros, permitiram aos bancos emprestar mais dinheiro do que mantinham em caixa, ao beneficiar o banco com o decurso de tempo transcorrido até efetivo saque do valor. Isto é, antes dos cheques, um mercador que desejasse pagar com moedas deveria sacá-las antes da partida, mantendo as moedas consigo durante toda a viagem até o efetivo desembolso. Já com o cheque, o valor só seria sacado ao final da viagem, de forma que o banco teria o valor em questão em caixa por mais tempo.

A terceira inovação, por sua vez, ocorreu no século XVII, quando foi criado, nos Estados Unidos, o papel-moeda. O papel-moeda foi criado para o pagamento de dívidas militares pelo estado de Massachusetts. O Estado emitiu papéis com a promessa de resgate futuro por ouro e prata e esse papel circulava como se moeda fosse (EVANS; SCHMALENSEE, 2005, p. 28-29)[6]. O papel moeda, portanto, fundou-se na garantia de que as pessoas poderiam converter seu papel em ouro ou prata. Tal garantia, no século XX, era proporcionada pelos bancos centrais dos países industrializados. Os países industrializados posteriormente abandonaram a pretensão de que sua moeda estava ligada ao ouro, à prata ou a qualquer coisa com valor intrínseco (EVANS; SCHMALENSEE, 2005, p. 29). Ainda assim, prevaleceu o fundamento das moedas de papel fortes, qual seja, a confiança de que o emitente não discutiria o valor.

Na primeira metade do século XX, teve início a quarta inovação do dinheiro. Com o desenvolvimento da informática, foram criadas formas eletrônicas de circulação da moeda. Para tal inovação, contribuiu a migração dos cartões de crédito para sistemas eletrônicos, o que justifica a importância de tais meios de pagamento. Os pagamentos eletrônicos não só não têm lastro em dinheiro, como não exigem a apresentação de moeda física. Os pagamentos eletrônicos, em comparação aos pagamentos em papel-moeda, representam redução de custos e resolvem problemas de segurança e de valorização do dinheiro: "O papel-moeda, de fato, representa um custo, na medida em que há necessidade de contagem numérica e de controle de sua autenticidade, além de estar sujeito a roubo ou fraude" (GENTILI; VISCONTI, 2005, p. 375, tradução livre)[7].

A utilização de dígitos para a troca de valores, com padronização e confiabilidade, é, pois, a marca da quarta inovação dos

[6] No original em inglês: "The commonwealth issued pieces of paper that promised redemption, later, in gold and silver coins. These pieces of paper circulated side by side with gold and silver coins, and were treated as if they were worth the gold or silver they promised".
[7] No original em italiano: "Le banconote, infatti, rappresentano un costo in quanto connesse all'esigenza della loro conta numerica e al controlo della loro autenticità, oltre a essere possibile oggetto di furti o truffe. Gli assegni bancari e postali implicano la perdita di interessi nel corso della loro circolazione e nei giorni di valuta applicati al loro accreditamento."

pagamentos. Note-se que a quarta inovação é a dos meios de pagamento eletrônicos, e não dos cartões em si. Os pagamentos eletrônicos independem do suporte físico, isto é, da existência de um cartão plástico que os ampare. Dee Hock (2006, p. 123), fundador da Visa, compreendia a inovação trazida pelos pagamentos eletrônicos como o futuro dos pagamentos, ao constatar, na década de 1960, que: "Em algum tempo, o dinheiro nada seria além de dados alfanuméricos em forma de impulsos de energia ordenados. [...] inerente a tudo isso poderia estar a gênese de uma nova forma de moeda global". Dee Hock também afirmou que o uso da expressão "cartão" é equivocado, pois o cartão físico não é mais a essência da transação de pagamento: "Na verdade, o cartão não passa de um artifício contendo símbolos para a troca de valor monetário. O fato de ter a forma de um pedaço de plástico não passa de um acidente ditado pela época e pelas circunstâncias" (HOCK, 2006, p. 123).

A revolução dos pagamentos eletrônicos, portanto, nasce com os cartões de crédito, mas não se resume a tais instrumentos; consiste na troca eletrônica de dados para realização de pagamentos. Nas palavras de Evans e Schmalensee (2005, p. 24, tradução livre), "A verdadeira revolução, a que é, por certo, ainda mais importante para o futuro do que para o dia de hoje, é o desenvolvimento de redes de computador para troca de dinheiro eletrônico"[8]. O dinheiro, hoje, "consiste em uma unidade de conta que é trocada por vários sistemas de pagamento diferentes" (EVANS; SCHMALENSEE, 2005, p. 30, tradução livre)[9].

Assim é que hoje já há outras formas de pagamento independentes da existência de um cartão físico, como é o caso das carteiras digitais e dos dispositivos vestíveis. Os dispositivos eletrônicos vestíveis, como anéis e pulseiras, ao se comunicar com redes, são

[8] No original em inglês: "The true revolution, the one that is sure to be even more important in the future than it is today, was the development of computer networks for exchanging electronic money".
[9] No original em inglês: "Today, money consists of a unit of account that is exchanged through several different payment systems".

capazes de servir como instrumentos de pagamento eletrônico. Já as carteiras digitais são instrumentos de pagamento que armazenam dados de cartões de pagamento e realizam as transações, a exemplo de Masterpass, Visa Checkout, ApplePay, Samsung Pay etc., e podem dispensar o uso de cartões plásticos.

O surgimento dos sistemas eletrônicos — a quarta revolução do dinheiro — está intrinsecamente ligado ao nascimento dos cartões de pagamento. O surgimento dos cartões de pagamento data do início do século XX, de forma analógica. Antes da Segunda Guerra Mundial, hotéis, postos de gasolina e lojas de departamento emitiam seus cartões de loja, inclusive com emissão de charge-plates em metal para clientes de lojas em 1928 (EVANS; SCHMALENSEE, 2005, p. 26-27).

Em 1949, Frank McNamara criou o cartão Diners Club, o primeiro cartão general-purpose, após uma curiosa situação: ele teria se dado conta, durante um almoço de negócios em Nova Iorque, de que se esquecera de sua carteira (EVANS; SCHMALENSEE, 2005, p. 54-55). A proposta do cartão de pagamento então criado por Frank McNamara era o de um clube de restaurantes e de usuários que permitia efetuar o pagamento consolidado no final de cada mês. No início, o cartão Diners conectava cerca de 200 consumidores a 14 restaurantes em Manhattan. No Brasil, o primeiro cartão Diners Club foi lançado em 1956, à época aceito em somente um grupo de restaurantes no eixo São Paulo-Rio (SANTOS, 2014, p. 46-47). Nos anos que seguiram à sua criação, o Diners expandiu sua aceitação e sua emissão nos Estados Unidos, seguida pela entrada de outros atores no mercado, principalmente no ano de 1958.

Em 1958 o Bank of America foi o primeiro banco a lançar um cartão de crédito, denominado BankAmericard. Também em 1958, a American Express Co. lançou o American Express Company Credit Card, como evolução de seus negócios de transporte de valores[10].

---

[10] A American Express era uma companhia de transporte ferroviário que, no final do século XX, realizava transporte de metais preciosos, ordens de pagamento e cheques.

Durante a década de 1960, a atividade de emissão de cartões e de credenciamento de estabelecimentos comerciais que os aceitassem se expandiu nos Estados Unidos e na Europa. A expansão ocorreu principalmente entre 1966 e 1968, com atuação destacada do Bank of America, da American Express e da Carte Blanche. Em 1966, o BankAmericard tinha franqueados nos Estados Unidos, no Canadá, na Colômbia, na Itália, no Japão, no México, em Portugal, na Espanha, no Reino Unido e na Venezuela (EVANS; SCHMALENSEE, 2005, p. 62). Em 1968, a franquia da Diners no Brasil já era a terceira maior no mundo; nesse mesmo ano, o Bradesco lançou o primeiro cartão de crédito brasileiro (SANTOS, 2014, p. 46-47).

Nas décadas de 1950 e 1960, o sistema de liquidação interbancária era primitivo, não havia sistema eletrônico, as fraudes aumentaram e os custos do sistema de autorização[11] subiram (HOCK, 2006, p. 103-104). Os principais problemas enfrentados nas primeiras décadas após a criação dos cartões de crédito decorriam da precariedade do sistema de autorização e de liquidação das transações. Tais problemas resultavam, principalmente, do rudimentar sistema de autorização das transações, uma vez que a autorização era realizada de forma manual por cada banco[12]. Os processos demorados e custosos para aprovação das transações criaram um ambiente

[11] Autorização é o processo pelo qual uma transação de pagamento é aprovada pelo emissor de um cartão, por si ou por outrem em seu nome. A autorização pode ser transmitida por telefone ou terminais de aceitação, por exemplo.

[12] Por uniformidade, será adotado o nome "estabelecimento comercial" para indicar aquele que recebe por cartões, seja pessoa física, seja jurídica, ainda que aqueles que recebem com cartões não se resumam a estabelecimentos comerciais, mas compreendam também autônomos prestadores de serviços, igrejas, organizações não governamentais, por exemplo.

[13] Como narrou Dee Hock, sobre o cenário de cartões de crédito em 1966: "O sistema de compensação interbancária dos comprovantes de venda era **primitivo**. Nem o acesso aos dados nem o sistema de compensação era eletrônico. O banco que atendia o lojista aceitava todas as transações independentemente do banco emissor do cartão, creditava a quantia total na conta do lojista e se reembolsava emitindo um título contra o banco emissor por meio do Sistema de Reserva Federal. Chegando ao banco emissor, a ficha de compensação era lançada num livro provisório, enquanto o outro banco perfurava os recibos de venda e os enviava pelo correio. Enquanto isso, o banco do lojista, já reembolsado e sob grande pressão para fazer as próprias operações com cartão, não tinha motivação para processar as transações em enviá-las ao banco emissor para que este pudesse cobrar o dono do cartão. Como os bancos atendiam lojistas e ao mesmo tempo emitiam cartões, começaram todos a agir da mesma maneira, enquanto as salas do fundo se enchiam de **centenas de milhões de transações não-processadas**[ ], os clientes não eram cobrados e os livros provisórios inchavam como um dedão martelado. A coisa se transformou num

28

favorável à atuação de fraudadores[13]. O sistema de autorização de transações de pagamento com cartões era manual e falho. A falta de um sistema eficaz de processamento de transações levou os bancos norte-americanos a arcar com grandes prejuízos. A fragilidade desse sistema precário de autorização ficou mais evidente à medida que a utilização de cartões de pagamento foi expandida. Até então, o processo de autorização, quando aplicado, se dava por telefone, de maneira cara e demorada:

Não havia sistemas eletrônicos para autorizar as transações. Cada lojista tinha um limite mínimo, abaixo do qual não era preciso nenhuma autorização. Era fácil para os criminosos descobrir esses limites, podendo assim avaliar com precisão o grau de risco em cada estabelecimento comercial. Uma transação acima do limite mínimo exigia que o funcionário da loja telefonasse para o banco. Um funcionário do banco fazia então um interurbano para o banco emissor, onde outro funcionário verificava manualmente a conta do cliente numa enorme listagem de computador, via se a venda podia ser autorizada e dava um número de autorização ao banco consultante que o passava então para o lojista. Enquanto isso, o freguês esperava enraivecido ou lhe pediam para voltar depois. O banco emissor bloqueava na conta do cliente o valor da venda, que só era liberado quando os comprovantes de venda aparecessem, geralmente semanas ou meses depois. (HOCK, 2006, p. 102).

pesadelo contábil. **Os criminosos farejavam uma mina de ouro.** [...] Milhares de cartões falsificados e roubados iam parar no mercado negro: ao custo de cinquenta dólares, esses cartões eram usados para comprar e revender milhares de dólares em mercadorias e depois abandonados. Surgiram os falsos lojistas, que depositavam grande quantidade de recibos de venda fraudados durante os dois meses que os bancos levavam para processá-los e depois desapareciam com o dinheiro, enquanto as reclamações se acumulavam. Não havia sistemas eletrônicos para autorizar as transações. [...] Não havia Internet, nem processamento eletrônico de dados, nem terminais eletrônicos para verificação das contas, nem era generalizado o uso de computadores. [...] Mesmo sendo tão **primitivo e desajeitado**, o sistema permitiu que uma enxurrada maciça de cartões tivesse aceitação considerável entre consumidores e lojistas. Enquanto essa aceitação decolava, o número de transações interbancárias explodia e o sistema de compensação se desintegrava no volume." (HOCK, 2006, p. 101-103, grifos da autora).

Em meio às dificuldades de processamento anteriormente mencionadas, nasceu a necessidade de criação de padrões e estruturas para um sistema de autorização e compensação mais eficaz. Era necessária a cooperação para dar conta da compensação dos recebidos de transações, que cresciam exponencialmente com o número de participantes no sistema (EVANS; SCHMALENSEE, 2005, p. 65-66). No ano de 1966, havia 13.821 bancos comerciais nos Estados Unidos. Nenhum banco conseguiria, sozinho, criar soluções para os problemas enfrentados no mercado de cartões (HOCK, 2006, p. 123). Alguns grandes bancos que atuavam com cartões de pagamento entenderam que a solução seria a co-opetition, isto é, a junção de concorrência e cooperação.

Nas palavras de Evans e Schmalensee (2005, p. 63), pela co-opetition "os bancos concorriam por estabelecimentos e portadores de cartões. Os bancos cooperavam no nível de sistema de cartão ao estabelecer padrões operacionais"[14]. Teubner definiu co-opetition como uma nova fórmula mágica pela qual concorrentes se beneficiam da cooperação: "'Co-opetition' é a nova fórmula mágica que promete que as vantagens competitivas fluirão da combinação de cooperação e competição, que consegue unir organização e contrato com elementos de rede" (TEUBNER, 2009, p. 2, tradução livre).[15]

Para a estruturação de uma solução conjunta, a questão era identificar "como envolver todos os licenciados num esforço coeso, coerente e auto-organizado, para examinar os problemas que assolavam o sistema", nas palavras de Dee Hock (2006, p. 110). Ao contar a história da criação da Visa, nomeou esse movimento de "nascimento da era caórdica", nome esse dado ao seu livro. O autor também definiu a co-opetition como uma nova estrutura organizacional colaborativa, baseada na natureza, combinando elementos de ordem e caos.

---

[14] No original em inglês: "Banks competed for merchants and cardholders. Banks cooperated at the card system level by setting operational standards."
[15] No original em inglês: "'Co-opetition' is the new magic formula that promises that competitive advantages will flow out of the combination of co-operation and competition, which manages to combine organization and contract with network elements".

A *co-opetition*, portanto, unia os esforços de todos os concorrentes que atuavam em cooperacão na criação de regras e procedimentos comuns, em favor de todos:

> Para as empresas que não desejam fazer o percurso sozinho, a *co-opetition* oferece uma plataforma que facilita justamente a participação nos vastos sistemas interligados de cartões de pagamento. Cada um fornece uma marca, um sistema de autorização e de liquidação e um conjunto de regras que permitem às empresas emitir cartões, servir estabelecimentos e participar em uma variedade de outras atividades de cartões de pagamento. (EVANS; SCHMALENSEE, 2005, p. 160, tradução livre)[16].

Assim, é no contexto de crescimento exponencial do alcance dos pagamentos eletrônicos, bem como dos problemas apresentados, que surgiram as associações entre bancos emissores e credenciadoras. Ao formar associações e cooperar com a criação de estruturas de centralização das operações, os custos operacionais das atividades ligadas aos cartões de pagamento foram reduzidos. Os custos de participação dos membros das associações representavam uma economia a tais licenciados, uma vez que "correspondiam a apenas 1,5% do total das despesas diretas com cartão incorridas pelos membros desses sistemas" (HOCK, 2006, p. 66). Os bancos emissores e as credenciadoras se uniram, criando associações: a National BankAmericard e a Interbank Card Association (EVANS; SCHMALENSEE, 2005, p. 62-66).

No ano de 1968 tiveram início as atividades da Interbank Card Association (ICA), que firmou aliança com a Eurocard e com bancos no Japão e emitiu a primeira licença internacional ao Banco

---

[16] No original em inglês: "For companies not wishing to take the go-it-alone route, the co-opetitives provide a platform that makes it particularly easy to participate in the vast interconnected payment card systems. They each provide a brand, and authorization and settlement system, and a set of rules that enable businesses to issue cards, service merchants, and engage in a variety of other payment card activities".

Nacional do México. Em 1969 a ICA adquiriu os direitos do nome MasterCharge e passou a adotar esse nome como marca (que, em 1979 mudou para Mastercard)[17]. No início dos anos 1970, os licenciados do BankAmericard passaram a ser licenciados pela National BankAmericard Incorporated (NBI), cujo nome passou a ser Visa em 1976 (HOCK, 2006, p. 127). Tanto NBI como ICA surgiram como associações não acionárias, sem fins lucrativos, formadas pelos bancos que emitiam cartões e credenciavam estabelecimentos comerciais. O papel de tais associações era criar regras e processos para compensação de transações realizadas com cartões.

Como mencionado, as associações foram criadas para conjugar esforços de tais instituições financeiras contra os problemas então enfrentados pelos bancos que atuavam no mercado de cartões. Além dos problemas de autorização e liquidação, as perdas sofridas pelos bancos decorriam de inadimplência dos portadores de cartões. Quando da criação das associações, não só a expansão dos cartões de pagamento foi exponencial, como também o foram as respectivas perdas. De 1969 a 1970, os prejuízos subiram em 50%, totalizando perdas de 440 milhões de dólares no ano de 1970 (EVANS; SCHMALENSEE, 2005, p. 72). A deliberada emissão de cartões na década de 1960, nos Estados Unidos, aliada à utilização de sistemas precários de avaliação de crédito, acarretou ainda mais perdas no início da década de 1970, como narram Evans e Schmalensee (2005, p. 73, tradução livre): "Dados o volume de consumidores que receberam um cartão gratuito pelo correio e a pressa de vencer as ofertas de cartões dos concorrentes, os bancos muitas vezes faziam pouco mais do que uma verificação básica de crédito, e alguns nem sequer faziam isso"[18]. À época, a imprensa noticiava o crescimento dos cartões como uma tragédia anunciada.

---

[17] À época, MasterCard com "c" maiúsculo; desde 2016, com "c" minúsculo.
[18] No original em inglês: "Given the volume of consumers who received a free card in the mail and the rush to beat competitors' card offerings, the banks often did little more than a basic credit card check, and some didn't even do that much".

Imagem 1 - Capa da revista Life ilustrando Ícaro em direção ao sol com asas de cartões de crédito de plástico.

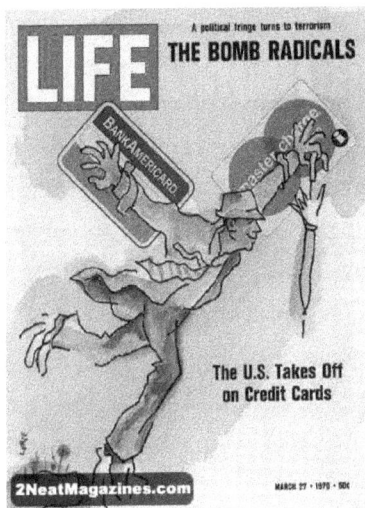

Criadas as associações, persistia o desafio de resolver o problema das grandes perdas ocasionadas por problemas de autorização e liquidação. Primeiramente, as associações estabeleceram regras e processos para liquidação das transações (EVANS; SCHMALENSEE, 2005, p. 66). A cooperação dos associados proporcionou a padronização de tecnologia e a criação de regras, a exemplo dos próprios formato e tamanho dos cartões de pagamento (p. 159-160). As associações faziam a publicidade da marca e investiam em pesquisa e desenvolvimento (p. 163). Além de estabelecer regras comuns a todos os associados, as associações criaram regras e processos de autorização e liquidação e definiram como seriam distribuídos os proventos das operações entre seus associados (p. 66).

Com a finalidade de resolver os problemas de autorização e liquidação enfrentados pela indústria, a Visa lançou o sistema eletrônico BASE-I em 1973, e na sequência a Mastercard lançou o sistema BankNet e I-Net. Tais sistemas permitiam a aprovação de transações em segundos, ao conectar de forma eletrônica o estabelecimento comercial e o emissor. O sistema BASE-I reduziu o tempo de autorização de 4 minutos, na média, para aproximadamente 40 segundos. O sistema BASE-I utilizava computadores, que transmitiam os pedidos de autorização por linhas telefônicas (EVANS; SCHMALENSEE, 2005, p. 74).

A criação dos sistemas eletrônicos de pagamento permitiu a redução das perdas associadas ao processo de autorização de transações e a redução do tempo necessário para a aprovação de transações. Tais ganhos, por certo, foram fundamentais para garantir a expansão dos pagamentos por cartão, a partir daí chamados de "pagamentos eletrônicos". No Brasil, as administradoras de cartões também enfrentaram grandes perdas na década de 1970. Também no Brasil, foi a adoção da tecnologia nos pagamentos que permitiu a superação dos problemas e a expansão dos meios de pagamento. Na década de 1970 a Credicard (formada pelo Citibank, Banco Itaú e Unibanco) investiu em computadores avançados para processamento de transações (que antes eram processadas manualmente com papel e carbono, e o histórico de atendimento dos clientes era registrado em microfichas).

Em 1983, a Credicard e a Visa se associaram. Nessa época, a Credicard emitia exclusivamente cartões com a bandeira Visa, em observância à regra de dualidade imposta pela bandeira[19], e, em 1987, se associou à Mastercard. Com a associação às bandeiras internacionais, as administradoras locais e as suas instituições financeiras associadas puderam utilizar os sistemas eletrônicos de autorização e transação. O investimento em tecnologia, novamente, teve papel central na expansão dos meios de pagamento eletrônicos, especialmente com a Itautec e a Credicard no Brasil.

---

[19] Essa regra de dualidade era imposta apenas pela Visa, a qual exigia que seus associados não emitissem ou credenciassem cartões de outras bandeiras. A Credicard, no Brasil, optou, em 1987, pelo seu desligamento da Visa e pela associação à Mastercard. Conforme Edson Luiz dos Santos, tal mudança se deu em decorrência da proibição, pela Visa, de que a Credicard emitisse cartões da Mastercard (SANTOS, 2014, p. 48).

A Itautec foi criada em 1979 pelo Banco Itaú e, em 1985, lançou o primeiro sistema de automação comercial (POS). Na década de 1980, portanto, a tecnologia permitiu a superação dos problemas de autorização e inadimplência, assim como a consolidação dos meios de pagamento eletrônicos.

Edson Luiz dos Santos aduz que, na década de 1990, o mercado de cartões se expandiu no Brasil, devido ao fim da exclusividade de emissão e à abertura do mercado brasileiro, entre outras razões:

"[...] fim da exclusividade de bandeiras para a emissão de cartões de crédito, abertura do mercado e a consequente internacionalização do cartão; surgimento de novos Emissores de cartões e principalmente a estabilidade econômica trazida pelo Plano Real" (SANTOS, 2014, p. 52). Em 1996 foram criadas a Redecard e a Visanet, e a Mastercard iniciou suas operações no Brasil. Na década de 1990, continuou a expansão, com a entrada de novos atores, como as processadoras Orbital e Cardsystem. Entre a década de 1990 e a primeira década do século XXI, a expansão dos pagamentos eletrônicos no Brasil prosseguiu de maneira próspera, com o crescimento acelerado da emissão de cartões, do credenciamento de estabelecimentos comerciais e da participação de diferentes instituições nessas atividades. Na década de 1990, igualmente, as bandeiras, os emissores e as credenciadoras continuaram a investir na tecnologia para meios de pagamento.

Seguindo a linha cronológica aqui desenhada, convém abordar as três principais inovações nos pagamentos eletrônicos no final do século XX. A análise de tais inovações é importante para a compreensão da expansão dos meios de pagamento e de seu desenvolvimento ao estágio atual. Para Evans e Schmalensee (2005, p. 85), entre as inovações que contribuíram para o crescimento dos sistemas de pagamento, destacam-se a criação de programas de recompensa, a securitização e o desenvolvimento de técnicas de pontuação de crédito.

A primeira inovação foi a criação de programas de recompensas. Ainda nos anos 1980, Visa e Mastercard fizeram parcerias para emissão de cartões com benefícios aos portadores de seus cartões, como o cartão da General Motors, que concedia desconto na compra de carros, e o da General Electric, que oferecia cupons de varejistas (EVANS; SCHMALENSEE, 2005, p. 79-80). Em 1987, o Citigroup e a American Airlines lançaram o cartão AAdvantage, que concedia passagens aéreas aos portadores de seus cartões; "à época, o AAdvantage era o maior programa de milhagem e o Citigroup era o maior emissor de cartões dos Estados Unidos" (EVANS; SCHMALENSEE, 2005, p. 80, tradução livre)[20].

A segunda grande inovação dos meios de pagamento eletrônicos consistiu na securitização dos pagamentos com cartões. A palavra securitização, do inglês securitization, tem origem na palavra security, que significa título; securitizar significa transformar algo em um título. Nos pagamentos por cartão, os valores a serem recebidos pelos estabelecimentos comerciais com vendas realizadas são chamados de "recebíveis". Também são chamados de "recebíveis" os valores a serem recebidos pelo emissor do cartão até o pagamento da fatura pelos portadores de seus cartões. Assim, a securitização de recebíveis de cartão de crédito equivale, por exemplo, à transformação de uma carteira de recebíveis de cartões de crédito em um título negociável. A transformação das carteiras de recebíveis em títulos possibilitou a circulação de tais créditos e, assim, a diversificação do risco dos bancos e também abriu espaço para a expansão da concessão de crédito a portadores de cartões e a estabelecimentos comerciais.

A terceira inovação, nessa linha, ocorreu entre o final do século XX e o início do século XXI e consistiu na criação de sistemas computacionais de pontuação de crédito. Esses sistemas realizavam a

---

[20] No original em inglês: "At the time, AAdvantage was the largest frequent flier program, and Citigroup was the largest credit card issuer in the United States".

avaliação de credibilidade de candidatos a crédito, podendo servir de base para a decisão sobre a concessão de crédito e a fixação de taxas de juros. As técnicas de pontuação de crédito consistem em cálculos estatísticos, que consideram o histórico de pagamento de débitos do mercado como um todo e dos candidatos específicos a tomar crédito (FEDERAL TRADE COMISSION, 2017). Os sistemas de pontuação de crédito são geridos por agências (*bureaus*) — por exemplo, a Experian. A inovação decorreu da utilização de computadores para a análise de dados sobre o comportamento no pagamento de contas, que viabilizou a concessão de mais crédito a consumidores (EVANS; SCHMALENSEE, 2005, p. 105-106)[21].

Merece destaque outra inovação ocorrida no final do século XX, com o advento da internet atrelado à popularização dos computadores pessoais: o *e-commerce*, isto é, o comércio realizado por meios eletrônicos. Já no início dos anos 2000, desenvolveu-se o *m-commerce*, uma espécie do *e-commerce* realizada por meio de dispositivos portáteis como *smartphones* e *tablets*. O papel dos pagamentos eletrônicos foi fundamental para o avanço do comércio eletrônico: "não se pode falar sobre a década de 1990 sem falar sobre internet. Pelo menos nos Estados Unidos, os cartões de pagamento foram essenciais para o comércio *online*. Nesse país, 95% das compras na internet são feitas com cartões de pagamento" (EVANS; SCHMALENSEE, 2005, p. 84, tradução livre)[22].

Na primeira década do século XXI, Mastercard e Visa deixaram de ser associações de bancos e abriram o capital em bolsa (IPO): a Mastercard em 2006 e a Visa em 2008 (NASDAQ, 2017a; 2017b).

---

[21] "Credit-scoring techniques are computerized methods for determining the likelihood that candidates for a card will pay their bills and for monitoring cardholders' use of their credit lines. The computer revolution has made it easier to collect and process data on peoples' bill-paying habits. More data have become available as a result of this revolution and the fact that the credit-paying habits of an increasing number of people have been observed over long periods of time. And finally, the statistical techniques for credit scoring have improved considerably."

[22] No original em inglês: "one can't talk about the 1990's without talking about internet. At least in the United States, payment cards have been essential for online commerce. In this country, 95 percent of Internet purchases are made with payment cards".

No período que sucedeu às IPOs, os meios de pagamento eletrônicos continuaram a crescer, seja em número de transações, seja em valores totais.

Em paralelo, no Brasil, ocorreram as ofertas públicas de ações da Visanet, em 2006, e da Redecard, em 2008. Quanto às especificidades do mercado brasileiro de pagamentos eletrônicos, até o ano de 2010 havia exclusividade da aceitação de bandeiras por credenciadoras específicas. As transações da bandeira Mastercard eram aceitas exclusivamente pela credenciadora Redecard[23] e as transações da bandeira Visa eram aceitas exclusivamente pela Visanet[24]. Ambas as bandeiras tinham participação societária nas respectivas credenciadoras[25]. A Visanet foi criada pelos associados da Visa do Brasil, tendo a Visa como acionista minoritária. A Visanet e a Visa mantinham um contrato de exclusividade para adquirência das transações feitas com cartões da bandeira Visa (BANCO CENTRAL DO BRASIL et al, 2010, p. 64). As transações da Visa poderiam ser processadas somente pela Visanet, e a Visanet não poderia processar transações de outras bandeiras. Já a Redecard foi criada com a participação do Citibank, do Unibanco, do Itaú e da Mastercard (BANCO CENTRAL DO BRASIL et al, 2010, p. 65). Embora as regras da Mastercard não impusessem exclusividade à Redecard e a outras credenciadoras por si licenciadas, somente a Redecard atuava então na adquirência de cartões Mastercard (BANCO CENTRAL DO BRASIL et al, 2010, p. 66).

A estrutura dos arranjos de pagamento era verticalizada, já que cada bandeira, na prática, atuava com apenas uma credenciado-

[23] Cujo nome atual é Rede.
[24] Atualmente corresponde à Cielo.
[25] Serão aqui abordadas, a título ilustrativo, a adquirência das bandeiras Mastercard e Visa, por se tratarem de bandeiras do esquema de quatro partes, o qual se aborda mais adiante. Nas bandeiras do esquema de três partes, tal abordagem não faz sentido, neste momento, já que "a estrutura é, por construção, de apenas uma instituição como credenciadora. No caso da bandeira American Express, a credenciadora é o Banco Bankpar (conglomerado Bradesco), no da Hipercard é o Unibanco, e no do Diners é o Citibank. Dessa forma, não cabe análise de concentração no credenciamento" (BANCO CENTRAL DO BRASIL, 2009, p. 139).

ra e com exclusividade. Portanto, com a estrutura verticalizada, não havia interoperabilidade entre bandeiras e credenciadoras, o que caracterizava, inclusive, uma barreira de entrada ao mercado. Como documentado no relatório elaborado em conjunto pela Secretaria de Direito Econômico, do Ministério da Justiça, e a Secretaria de Acompanhamento Econômico, embora tenha servido à consolidação dos meios de pagamento eletrônicos, a verticalização não mais se justificava, pois gerava "ineficiência por minimizar possíveis ganhos de escala e introduzir barreiras à entrada no mercado" (BANCO CENTRAL DO BRASIL, 2005, p. 140). O Banco Central do Brasil (Bacen), portanto, dava sinais de que a exclusividade era uma falha de mercado e que, portanto, esta não deveria persistir.

Na mesma época, "a Cielo estava prestes a abrir seu capital e, em conjunto com a Visa (que já abrira seu capital em 2008), anunciou o fim da exclusividade entre ambas operações para julho de 2010" (SANTOS, 2014, p. 106). A Visanet anunciou o fim da exclusividade depois que a Secretaria de Direito Econômico, tendo analisado o caso por 3 anos, encaminhou o processo ao Conselho Administrativo de Defesa Econômica (Cade) com pedido de fim da exclusividade. Em 16 de dezembro de 2009 foi celebrado entre Visanet (então Cielo) e o Cade um termo de compromisso de cessação (TCC) da prática de exclusividade entre Cielo e Visa. Com o TCC, a Visa e a Cielo concordaram em dar fim, até julho de 2010, à exclusividade contratual existente na adquirência de transações e no credenciamento de estabelecimentos comerciais. De outro lado, a Redecard não tinha regra de exclusividade e passou a aceitar cartões Visa a partir de 2010. De qualquer forma, foi a partir do ano de 2010 que as maiores bandeiras passaram a ser aceitas de forma múltipla pelas principais credenciadoras brasileiras.

Em 2008, a Associação Brasileira das Empresas de Cartões de Crédito e Serviços (Abecs) aprovou seu Código de Ética e Autorregulação, com o objetivo de dar maior especificidade às normas então existentes, a fim de promover o aumento da transparência nas relações entre os atores do mercado, a expansão sustentável dos cartões de pagamento e o estímulo às boas práticas de mercado. Entre o final do século XX e o início do século XXI, os sistemas de cartões se consolidaram e os cartões de débito e o *e-commerce* ganharam força no Brasil e no mundo, impulsionando o mercado de cartões, como demonstram os gráficos de número e de valor de transações a seguir ilustrados.

Gráfico 1 – Evolução de mercado em número de transações.

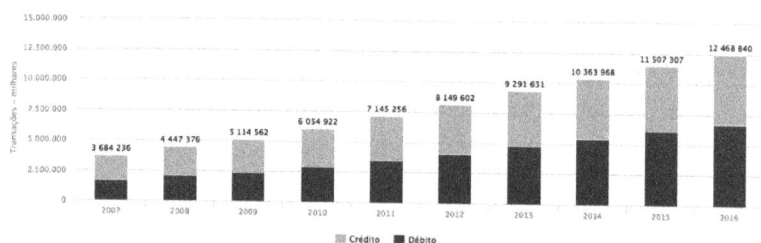

Fonte: Associação Brasileira das Empresas de Cartões de Crédito e Serviços (2017).

Gráfico 2 – Evolução de mercado em valor transacionado.

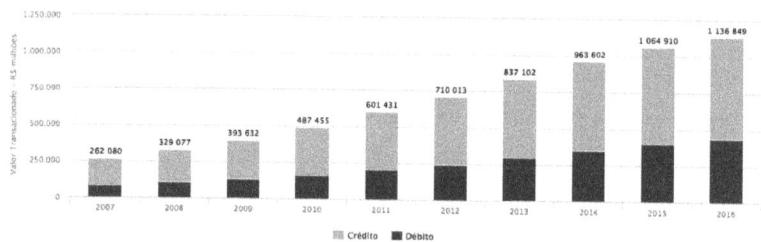

Fonte: Associação Brasileira das Empresas de Cartões de Crédito e Serviços (2017).

No final do ano de 2015 havia no Brasil quase 99 milhões de cartões de débito e mais de 86 milhões de cartões de crédito ativos. O instrumento de pagamento mais utilizado hoje no Brasil é o cartão de débito (6,5 bilhões de transações em 2015), seguido do cartão de crédito (5,7 bilhões de transações em 2015), segundo o Bacen.

Os principais atores do mercado de cartões de pagamento no Brasil, conforme identificado pelo Cade, são Mastercard, Banco Itaú e Cielo:

Esquema 3 – Diversos *players* **do mercado e os grupos a que pertencem os principais agentes.**

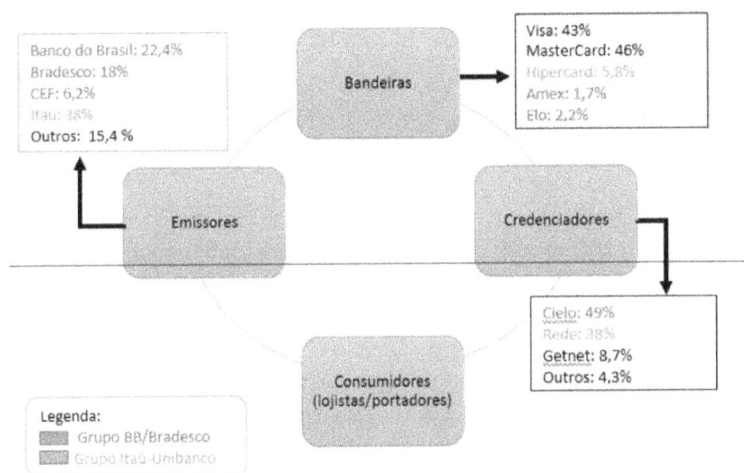

Fonte: Conselho Administrativo de Defesa Econômica (2016b, p. 15).

Todos esses dados demonstram a relevância dos pagamentos eletrônicos para a econômica brasileira, importância essa que não passou despercebida ao regulador.

1.2 REGULAÇÃO: CONTEXTO E PRINCÍPIOS

Como há pouco abordado, os meios de pagamento eletrônicos operam no Brasil há 6 décadas. Durante esse período, não houve uma regulação nacional estruturada e abrangente, apenas regras esparsas sobre assuntos específicos. Como exemplo, a Resolução CMN nº 3.919/2010 alterou e consolidou "as normas sobre cobrança de tarifas pela prestação de serviços por parte das instituições financeiras e demais instituições autorizadas a funcionar pelo Banco Central do Brasil" (BANCO CENTRAL DO BRASIL, 2010a, p. 1). A partir de 2013, os meios de pagamento eletrônicos passaram a ser regulados pelo Bacen[26]. O Bacen já havia manifestado, nos anos anteriores, a preocupaão e o desejo de regulação sobre os meios de pagamento eletrônicos, inclusive seguindo orientações do Banco Internacional de Liquidações (Bank for International Settlements — BIS).

Em janeiro de 2006, foi publicada, pelo Comitê de Sistemas de Liquidação e de Pagamentos do BIS, a orientação geral para desenvolvimento de sistemas nacionais de pagamentos. Nesse documento, o BIS ressaltou a importância da eficiência e da estabilidade dos mercados financeiros e do papel dos bancos centrais no desenvolvimento no sistema de pagamentos e no monitoramento dos riscos financeiros nesses sistemas:

> O desenvolvimento de um sistema nacional de pagamentos eficiente e seguro tem relevância para a política monetária, para a estabilidade financeira e para os interesses de um banco central relacionados com o desenvolvimento econômico geral. Por isso, os bancos centrais monitoram os desenvolvimentos no sistema de pagamentos para avaliar seus impactos sobre a demanda por moeda, sobre as transações de política monetária e sobre a eficiência e a estabilidade dos mercados financeiros relacionados. [...]
> Entretanto, por interligar as instituições financeiras com o pro-

---

[26] Por regulação dos meios de pagamento eletrônicos, entender-se-á, aqui, aquela decorrente do Conselho Monetário Nacional (CMN) e do Bacen, que compreende as atividades do SPB. As referências à regulação neste trabalho não incluem, portanto, a regulação do Sistema Brasileiro de Defesa da Concorrência — composto pelo Cade, pelo Bacen, pela Secretaria de Direito Econômico e pela Secretaria de Acompanhamento Econômico. Também não inclui questões consumeristas, regidas pelo Sistema Nacional de Defesa do Consumidor.

pósito de possibilitar transferências de fundos e liquidação de obrigações de uma maneira eficiente, o sistema nacional de pagamentos também se torna um canal por intermédio do qual pode haver transmissão de riscos financeiros entre instituições financeiras e entre mercados. Ao promover um sistema nacional de pagamentos eficiente e seguro, os bancos centrais tentam limitar a possibilidade de contágio financeiro por intermédio desse canal. (BANK FOR INTERNATIONAL SETTLEMENTS, 2006, p. 1).

O documento trouxe 14 orientações para desenvolvimento de sistemas nacionais de pagamentos, dentre as quais se destaca a de desenvolvimento de um arcabouço legal que promova a certeza legal, reduza riscos e dê amparo aos diferentes papéis do banco central, entre outros (BANK FOR INTERNATIONAL SETTLEMENTS, 2006, p. 6). Sobre a atuação dos bancos centrais na regulação dos meios de pagamento, o BIS destacou, ainda, a importância dos poderes de regulação e vigilância aos bancos centrais por meio do desenvolvimento da base legal para as funções destes. Segundo o BIS, a base legal deve dar amparo à função de vigilância dos bancos centrais, de modo a autorizá-los a vigiar e regular sistemas de pagamentos e vincular que tais sistemas de pagamentos e instituições financeiras conduzam suas operações em consonância com a regulação (BANK FOR INTERNATIONAL SETTLEMENTS, 2006, p. 41-42).

Em 11 de abril de 2006 o Bacen emitiu a Diretiva nº 1/2006, pela qual divulgou sua visão a respeito da indústria de cartões de pagamento. Na diretiva, destacou sua missão de assegurar a estabilidade da moeda e a solidez do sistema financeiro nacional, a necessidade de atuação do Bacen diante dos avanços e a importância do sistema de pagamentos:

> O Banco Central do Brasil, em sua missão de assegurar a estabilidade do poder de compra da moeda e a solidez do sistema financeiro

nacional, tem sob sua responsabilidade promover o funcionamento eficiente e seguro do sistema de pagamentos, entendido como o conjunto de regras, instituições, mercados, instrumentos e contratos, que torna possíveis as transferências de fundos entre os agentes econômicos. [...] O avanço da tecnologia de informação, combinado com a redução dos seus custos, tornou possível e economicamente viável o surgimento de meios eletrônicos de pagamento, como alternativa aos instrumentos em papel. O rápido desenvolvimento dos instrumentos eletrônicos resultante desses avanços e a importância do sistema de pagamentos de varejo motivou a atuação do Banco Central do Brasil nesse campo. (BANCO CENTRAL DO BRASIL, 2006, p. 1).

Contemporâneo à Diretiva nº 1/2006 é o Diagnóstico do Sistema de Pagamentos de Varejo no Brasil, pelo qual o Bacen "analisa o sistema de pagamentos de varejo no Brasil com o propósito de obter os determinantes para a sua modernização e de subsidiar a definição de políticas e diretrizes sobre o tema" (BANCO CENTRAL DO BRASIL, 2005, p. 9). Para tanto, o diagnóstico aborda os seguintes aspectos para melhoria do desenvolvimento dos pagamentos: interoperabilidade dos canais de distribuição dos instrumentos de pagamento (ATM[27] e POS), infraestrutura de compensação e de liquidação financeira das transações, apreçamento dos instrumentos de pagamentos e inovação nos sistemas (BANCO CENTRAL DO BRASIL, 2005, p. 9).

Desde 2005, portanto, o Bacen já indicava a importância da regulação dos meios de pagamentos, seja para a eficiência e a segurança dos pagamentos, como orientado por organismos internacionais, seja para a inovação e o desenvolvimento dos meios de pagamentos (BANCO CENTRAL DO BRASIL, 2005, p. 121). Ao analisar a legislação brasileira sobre meios de pagamento vigentes

[27] ATM é a sigla para *automated teller machine*, que corresponde a caixa eletrônico.

à época, o Bacen destacou, então, a necessidade de aperfeiçoamento da legislação ordinária sobre pagamentos para "melhoria da regulamentação das transações de pagamento via meio eletrônico, hoje calcada na MP 2.000-2, que normatiza a certificação digital do País" (BANCO CENTRAL DO BRASIL, 2005, p. 127).

Em 2011, o Bacen publicou o Adendo ao Diagnóstico do Sistema de Pagamentos de Varejo no Brasil, no qual demonstrou sua preocupação com barreiras de entrada para a participação nas redes de pagamento:

> Atualmente, o risco regulatório tem se constituído como uma barreira à entrada de novos participantes. Além disso, os modelos apresentados pelo mercado têm se baseado em arranjos de pagamento fechados. Esses modelos isolados limitam os ganhos de economias de escala e de escopo e das externalidades de rede. (BANCO CENTRAL DO BRASIL, 2011, p. 7).

Dessa forma, conclui-se que as razões que levaram à regulação dos meios de pagamento eletrônicos pelo Bacen estão relacionadas com o funcionamento seguro e eficiente do sistema de pagamentos e com a superação de falhas, como aquelas ligadas à interoperabilidade dos canais de distribuição dos instrumentos de pagamento e à infraestrutura de compensação e de liquidação. É importante que não seja olvidada a razão principal que levou à intervenção do regulador, qual seja, assegurar a segurança e a eficiência dos meios de pagamento eletrônicos. Essa visão deve acompanhar toda a análise dos normativos sobre os pagamentos eletrônicos, servindo como norte à interpretação de seus dispositivos.

Em 17 de maio de 2013, a Medida Provisória nº 615, de 2013, estabeleceu que os arranjos de pagamento integram o SPB. O SPB é composto por entidades, sistemas e procedimentos de transferência de fundos e de ativos financeiros, de processamento, de compensação e de liquidação de pagamentos (Lei nº 10.214/ 2001). Os integrantes do SPB são: o Tesouro Nacional, as infraestruturas do mercado financeiro[28] e determinados arranjos e instituições de pagamento que deles participam.

A exposição de motivos deixa clara a preocupação com a expansão dos meios de pagamento eletrônicos, os riscos daí decorrentes e a necessidade de regulação tendo em vista a promoção da solidez e da eficiência e a indução "na busca de modelos que atendam aos interesses da sociedade, alinhavando-os às políticas públicas existentes". Em 9 de outubro de 2013, a Medida Provisória nº 615/2013 foi convertida na Lei nº 12.865. A atividade do Bacen como regulador compreende a autorização de funcionamento ou de alterações relacionados a arranjos de pagamento, o acompanhamento de suas atividades e as avaliações dos procedimentos adotados pelos arranjos de pagamento (BANCO CENTRAL DO BRASIL, 2014d, p. 4).

A partir dessa síntese, é possível concluir que, no contexto da evolução dos pagamentos eletrônicos, a regulação dos meios de pagamento eletrônicos no Brasil teve como finalidade proporcionar segurança e eficiência ao sistema de pagamentos. É nessa linha que a regulação objetiva, também, fomentar a interoperabilidade como forma de eliminar falhas e garantir a eficiência no âmbito do SPB. As falhas de sistema que podem, no entendimen-

---

[28] De acordo com o Bacen, "são integrantes do SPB, os serviços de compensação de cheques, de compensação e liquidação de ordens eletrônicas de débito e de crédito, de transferência de fundos e de outros ativos financeiros, de compensação e de liquidação de operações com títulos e valores mobiliários, de compensação e de liquidação de operações realizadas em bolsas de mercadorias e de futuros, e outros, chamados coletivamente de entidades operadoras de Infraestruturas do Mercado Financeiro (IMF). A partir de outubro de 2013, com a edição da Lei n 12.865, os arranjos e as instituições de pagamento passaram, também, a integrar o SPB" (BANCO CENTRAL, 2014, p. 6). Conforme o Comunicado nº 29.078, de 4 de fevereiro de 2016, do Bacen: Sistema de Transferência de Reservas (STR); Sistema Especial de Liquidação e de Custódia (Selic); BM&FBOVESPA; Sistema de Registro, de Compensação, de Liquidação e Custódia da Cetip S.A. – Mercados Organizados (Cetip); Central de Cessão de Crédito (C3) da Câmara Interbancária de Pagamentos (CIP); Centralizadora da Compensação de Cheques (Compe), do Banco do Brasil S.A; Sistema de Liquidação Financeira Multibandeiras, da Cielo; Sistema de Liquidação Doméstica, da Redecard; Sistema de Liquidação Diferida das Transferências Interbancárias de Ordens de Crédito (Siloc), da CIP; Sistema de Transferência de Fundos (Sitraf), da CIP, monitorado e avaliado com base nos princípios aplicáveis a sistemas de pagamentos (BANCO CENTRAL, 2016, p. 5).

46

to do regulador, ser resolvidas com a interoperabilidade são aquelas relacionadas à exclusividade de adquirência, que servem como barreira de entrada e aumentam os custos para os estabelecimentos comerciais. Com a eliminação de tais falhas, haveria ganho de eficiência por meio da maior competitividade e do compartilhamento de estruturas[29].

A Lei nº 12.865, de 2013, elenca os princípios da regulação, deixando claros os objetivos a serem almejados pelo Bacen na sua regulamentação, quais sejam: interoperabilidade intra e Inter arranjos de pagamento; solidez, eficiência e promoção da competição; acesso não discriminatório; confiabilidade, qualidade e segurança; inclusão financeira e transparência (artigo 7º da Lei nº 12.865/2013)[30]. O artigo 3º da Resolução CMN 4.282/2013 reprisa os princípios previstos no artigo 7º da Lei nº 12.865/2013 e acrescenta a inovação e a diversidade dos modelos de negócio como princípio.

Os princípios norteadores da regulação dos meios de pagamento eletrônicos são relevantes para a análise da regulação, uma vez que devem permear a estruturação e a prática que ocorre na sua rede de contratos. A importância de analisar os princípios reside no fato de que estes devem nortear a interpretação de todos os demais dispositivos normativos. Ter os princípios em perspectiva é fundamental para a análise da regulação como um todo, mas é especialmente relevante para o exame da aplicação do princípio da interoperabilidade, objeto deste trabalho.

[29] Como abordado no item anterior, a exclusividade de adquirência teve fim em 2010.

[30] "I - interoperabilidade ao arranjo de pagamento e entre arranjos de pagamento distintos; II - solidez e eficiência dos arranjos de pagamento e das instituições de pagamento, promoção da competição e previsão de transferência de saldos em moeda eletrônica, quando couber, para outros arranjos ou instituições de pagamento; III - acesso não discriminatório aos serviços e às infraestruturas necessárias ao funcionamento dos arranjos de pagamento; IV - atendimento às necessidades dos usuários finais, em especial liberdade de escolha, segurança, proteção de seus interesses econômicos, tratamento não discriminatório, privacidade e proteção de dados pessoais, transparência e acesso a informações claras e completas sobre as condições de prestação de serviços; V - confiabilidade, qualidade e segurança dos serviços de pagamento; e VI - inclusão financeira, observados os padrões de qualidade, segurança e transparência equivalentes em todos os arranjos de pagamento. Parágrafo único. A regulamentação deste artigo assegurará a capacidade de inovação e a diversidade dos modelos de negócios das instituições de pagamento e dos arranjos de pagamento."

O primeiro princípio do rol, o da interoperabilidade, é o objeto deste estudo e é abordado no terceiro capítulo. Por ora, cabe referir que a regulação determina a interoperabilidade dentro de um mesmo arranjo e entre arranjos de pagamento distintos. O princípio da interoperabilidade assume destacada relevância, pois pode, como anteriormente mencionado, representar redução de falhas e ganho de eficiência. Nesse sentido, o BIS orienta que a interoperabilidade seja adotada como medida de economias de escala e de escopo e redução custos, especialmente para a adoção de padrões comuns de instrumentos e segurancas em todas as redes, para a interconexão de redes de ATM e PDV e adoção de equipamentos comuns e programas-padrões para interoperabilidade no PDV (BANK FOR INTERNATIONAL SETTLEMENTS, 2006, p. 45).

Outro princípio de destacada relevância é aquele da inovação, que está intimamente ligado ao princípio da interoperabilidade. Os reflexos da interoperabilidade na inovação são abordados no terceiro capítulo deste trabalho. Quanto ao princípio da inovação, por ora, cabe referir que o regulador já havia indicado, na Diretiva Bacen nº 1/2006, sua importância para a geração e a difusão de novos produtos e serviços e para a sua consequente diferenciação (BANCO CENTRAL DO BRASIL, 2006, p. 4).

O terceiro princípio arrolado pelo Bacen é o da solidez, da eficiência e da competição, tendo por objetivo "promoção da competição e previsão de transferência de saldos em moeda eletrônica, quando couber, para outros arranjos ou instituições de pagamento", nos termos do artigo 3º, III, da Resolução CMN 4.282/2013. Para compreender os conceitos de solidez e eficiência que compõem esse princípio, cabe referir à Circular Bacen nº 3.735/2014, que "disciplina as medidas preventivas aplicáveis aos instituidores de arranjos de pagamento que integram o SPB, com o objetivo de assegurar a solidez, a ciência e o regular funcionamento dos arranjos de pagamento". O artigo 2º da Circular Bacen nº 3.735/2014 prevê que o Bacen poderá adotar medidas preventivas quando ocorrerem situações que possam comprometer a solidez, a eficiência e o regular funcionamento dos arranjos de pagamento. Em ocorrendo tais situação, o Bacen levará em conta seus efeitos sobre a interoperabilidade; a promoção da competição; o atendimento às necessidades dos usuários finais; a confiabilidade, a qualidade e a segurança dos serviços de pagamento, entre outros (art. 2º, parágrafo único). A partir da leitura desse artigo, é possível apontar que a solidez de um arranjo de pagamento ou instituição de pagamento é o seu funcionamento regular, que não ponha em risco a interoperabilidade, a competição, o atendimento às necessidades dos usuários finais, a confiabilidade, a qualidade e a segurança dos serviços de pagamento.

No que diz respeito à eficiência dos arranjos de pagamento e das instituições de pagamento, o Bacen já havia indicado, no relatório denominado *Diagnóstico do sistema de pagamentos de varejo no Brasil*, a relevância da eficiência dos pagamentos eletrônicos em razão de seu custo. Em tal documento, ressaltou a tendência de migração dos pagamentos em papel para pagamentos eletrônicos porque o custo desses últimos é de um terço a metade do custo dos pagamentos em papel (BANCO CENTRAL DO BRASIL, 2005, p. 10). No documento *Custo e eficiência na utilização de instrumentos de pagamento de varejo*, destacou ainda, que os pagamentos eletrônicos importam à confiança da população na moeda e na promoção do crescimento econômico, além de geralmente proporcionarem redução do custo social em comparação ao papel-moeda (BANCO CENTRAL DO BRASIL, 2007, p. 2). Quanto à eficiência dos arranjos de pagamento, havia indicação, pela análise do princípio da interoperabilidade, de que a eficiência seria um dos alvos da regulação. Isso porque, como se demonstra ao longo deste trabalho, a interoperabilidade pode representar redução de custos e, assim, ganhos de eficiência.

O terceiro componente desse terceiro princípio é a promoção da competição. Conforme assinalado anteriormente, a promoção da competição é um dos efeitos apresentados por arranjos de pagamento e instituição de pagamento pautados pela solidez.

Por fim, o último elemento que compõe esse terceiro princípio é a "previsão de transferência de saldos em moeda eletrônica, quando couber, para outros arranjos ou instituições de pagamento". Observado esse princípio, seria obrigatório a um arranjo de pagamento aceitar ou efetuar a transferência de moeda eletrônica, isto é, saldo pré-pago, para outro arranjo de pagamento. Essa hipótese é abordada especificamente no capítulo 3. Por ora, cabe ressaltar que a redação do princípio prevê que a transferência de moeda eletrônica ocorrerá "quando couber". Portanto, embora à primeira vista pareça obrigatória, a mencionada transferência ocorrerá dentro de contexto específico, isto é, conforme for aplicável.

Superados os desdobramentos do terceiro princípio, é ora analisado o quarto princípio, qual seja, o do "acesso não discriminatório aos serviços e às infraestruturas necessárias ao funcionamento dos arranjos de pagamento" (art. 3º, IV, da Resolução CMN 4.282/2013). Esse princípio é direcionado, principalmente, aos instituidores de arranjos de pagamento. Ao conceder licenças (as quais são abordadas no segundo capítulo) e acesso aos serviços e às infraestruturas, o instituidor de arranjos de pagamento não pode impor condições de participação discriminatórias aos participantes de seu arranjo. Esse princípio é importante para o fomento à competição e para a eficiência dos arranjos de pagamento.

O quinto princípio determina o atendimento às necessidades dos usuários finais, especialmente para "liberdade de escolha, segurança, proteção de seus interesses econômicos, tratamento não discriminatório, privacidade e proteção de dados pessoais, transparência e acesso a informações claras e completas sobre as condições de prestação de serviços" (art. 3°, IV, da Resolução CMN 4.282/2013). As instituições de pagamento devem, ao estabelecer contratos e prestar serviços aos usuários finais pagadores e recebedores, respeitar a sua liberdade de escolha, proporcionar segurança e proteção de forma não discriminatória e respeitar a privacidade e a proteção de dados pessoais, a transparência e o acesso a informações. Os contratos das instituições de pagamento são abordados no segundo capítulo.

O sexto princípio determina a confiabilidade, a qualidade e a segurança dos serviços de pagamento (art. 3°, VI, da Resolução CMN 4.282/2013). Esse princípio consolida a obrigação dos arranjos de pagamento e das instituições de pagamento de prestar serviços com confiabilidade, qualidade e segurança, seja entre os atores dos arranjos de pagamento, seja perante os usuários finais.

Por fim, o sétimo princípio é o da inclusão financeira, "observados os padrões de qualidade, segurança e transparência equivalentes em todos os arranjos de pagamento" (art. 3°, VII, da Resolução CMN 4.282/2013). A inclusão financeira é uma das finalidades almejadas pelo Bacen em suas políticas. Segundo o *Relatório de inclusão financeira n° 1*, a inclusão financeira é essencial para a redução de desigualdades sociais e para o maior desenvolvimento econômico, na medida em que viabiliza o acesso à economia formal, contribui para o crescimento econômico e assim mobiliza a poupança e investimento para o crescimento do setor produtivo (BANCO CENTRAL DO BRASIL, 2010b, p. 7).

Tais princípios não configuram a imposição de novos critérios aos arranjos de pagamento existentes, especialmente aqueles oriundos de associações de bancos. Isso porque, na sua gênese, tais arranjos já foram pautados em propósitos análogos. A título de exemplo, eis alguns dos princípios delineados na criação da associação que deu origem à Visa: "os participantes devem ter obrigações e direitos equitativos" e "ela deve ser aberta a todos os participantes qualificados" (HOCK, 2006, p. 134-135). Isso demonstra que os sistemas de pagamento eletrônicos, embasados na dinâmica de *co-opetitiveness*, buscam a diversidade de participantes e o seu tratamento não discriminatório. Além disso, ao buscar participação de todos os atores da rede de pagamentos sob essas condições, os sistemas de pagamento eletrônicos demonstram que têm como pilares os mesmos objetivos do regulador, quais sejam, segurança e eficiência.

Embora Lei nº 12.865/2013 e a Resolução CMN 4.282/2013 não estabeleçam qual princípio deve prevalecer em caso de eventual conflito entre os princípios, é possível afirmar que devem se sobrepor os princípios da segurança e a eficiência dos meios de pagamento eletrônicos. Como anteriormente mencionado, o motivo principal que levou à intervenção do regulador foi o e assegurar a segurança e a eficiência dos meios de pagamento eletrônicos. Por esta razão, a leitura da regulação e a aplicação de suas regras e princípios deve ser pautada sempre por esses dois princípios. Ademais, a aplicação dos princípios não deve importar a desrespeito a outras matérias reguladas, como a concorrência e a defesa ao consumidor.

1.3 CLASSIFICAÇÃO DOS ARRANJOS DE PAGAMENTO

Os arranjos de pagamento correspondem, conforme definição trazida pelo artigo 6º, I, da Lei nº 12.865/2013, ao "conjunto de regras e procedimentos que disciplina a prestação de determinado serviço de pagamento ao público aceito por mais de um recebedor, mediante acesso direto pelos usuários finais, pagadores e recebedores".

Por oportuno, cabe aqui a definição jurídica do termo "pagamento". Segundo o Código Civil Brasileiro de 2002, pagamento é o adimplemento de uma obrigação, que se dá pela transferência de propriedade de coisa fungível ou infungível, tendo como consequência a extinção da dívida (art. 304 e seguintes). Já na definição trazida pelo regulador, "um pagamento pode ser definido como a transferência de recursos do pagamento para o recebedor, por intermédio do uso de um instrumento de pagamento" (BANCO CENTRAL DO BRASIL, 2005, p. 15).

Como decorrência lógica, o pagamento eletrônico é aquele em que a transferência de recursos para adimplemento de uma obrigação ocorre por meio de dispositivo eletrônico. Nesse sentido é a definição de pagamento eletrônico, denominada de "transação de pagamento" pelo Bacen na Resolução 4.282/2013: "ato de pagar, de aportar, de transferir ou de sacar recursos independentemente de quaisquer obrigações subjacentes entre o pagador e o recebedor" (BANCO CENTRAL DO BRASIL, 2013e, p. 1).

Os arranjos de pagamento são classificados de acordo com: integração ao SPB, propósito, abrangência territorial, participação, garantia e número de partes. Tais classificações assumem importância pois podem refletir em maior exigência do regulador devido à maior complexidade dos arranjos de pagamento. Essa classificação é importante para este trabalho pois permite a análise da interação entre os participantes dos arranjos de pagamentos. De outro lado, permite a avaliação da aplicação específica da interoperabilidade segundo as diferentes interações que podem ocorrer nos diversos tipos de arranjos de pagamento.

1.3.1 Integrantes e não integrantes do SPB

A primeira divisão dos arranjos de pagamento é entre integrantes e não integrantes do SPB. Não integram o SPB os arranjos de propósito limitado, assim entendidos aqueles que aceitam pagamento de um só estabelecimento ou de uma só rede ou que se destinam ao pagamento de serviços públicos específicos, tais como transporte público e telefonia pública.

Nos termos do artigo 2°, I, da Circular Bacen n° 3.682/ 2013, não integram o SPB os arranjos: de propósito limitado, cujos instrumentos de pagamento têm aceitação limitada, (como aqueles aceitos apenas em determinada rede de estabelecimentos ou destinados para o pagamento de serviços públicos específicos, tais como transporte público e telefonia pública); com volume transacionado anual interior a 500 milhões de reais e 25 milhões de transações anuais; e aqueles cujos instrumentos de pagamento sejam destinado a conceder benefícios a pessoas naturais em função de relações de trabalho, de prestação de serviços ou similares.

Já os arranjos integrantes do SPB são aqueles de propósito e aceitação amplos e que excedem os seguintes patamares: a) 500 milhões de reais em valor total das transações nos doze meses precedentes; e b) 25 milhões de transações em um ano.

Em 26 de março de 2018 foi publicada a Circular n. 3.886, que altera a Circular n. 3.682, a fim de aumentar a abrangência do conceito de arranjo de pagamento não participante do SPB. Com a alteração, foi excluída a exigência de que arranjos de pagamento que atingisse 50 milhões de reais em recursos depositados em conta de pagamento em 30 dias ou 2,5 milhões de usuários finais ativos em 30 dias deveria integrar o SPB. Além disso, a alteração estabeleceu que tampouco integram o SPB os arranjos de pagamento de vale alimentação e refeição (vouchers) e vale cultura, por exemplo.

Este estudo é direcionado primordialmente aos pagamentos eletrônicos no âmbito dos arranjos de pagamento integrantes do SPB.

1.3.2 Compra ou transferência

Os arranjos de pagamento podem, ainda, ser classificados pelo propósito, como de compra ("quando o serviço de pagamento disciplinado pelo arranjo estiver vinculado à liquidação de determinada obrigação", art. 8º, I, do Regulamento Anexo à Circular Bacen nº 3.682/2013) ou de transferência ("quando o serviço de pagamento disciplinado pelo arranjo não necessariamente estiver vinculado à liquidação de determinada obrigação", art. 8º, II, do Regulamento Anexo à Circular Bacen nº 3.682/2013). Sob essa classificação, é importante ressaltar que arranjos de compra não correspondem a cartões de compra (aqueles em que o pagamento total da fatura deve ocorrer no vencimento). Já os arranjos de transferência realizam a transferência de saldo entre contas eletrônicas de usuários distintos, a exemplo do Mercado Pago[31] e do Moip[32].

1.3.3 Pré-pago, pós-pago, de depósito à vista ou relacionamento eventual

Quanto ao relacionamento dos usuários finais com a instituição participante, os arranjos são divididos entre conta de pagamento[33] pré-paga, conta de pagamento pós-paga, conta de depósito à vista ou relacionamento eventual.

A conta de pagamento pré-paga é aquela em que é depositada moeda eletrônica. As moedas eletrônicas, como definida pelo

---

[31] Segundo o Mercado Pago, "O Mercado Pago é um serviço de gerenciamento de pagamento que pode ser utilizado por Pessoas Físicas (pessoas) e Pessoas Jurídicas (empresas) denominados aqui como 'usuário'". (MERCADO PAGO, 2013).

[32] O Moip se define da seguinte forma: "Somos uma Instituição de Pagamento, emissora de moeda eletrônica, e Instituidor de Arranjo de Pagamento regulamentados pelo Banco Central do Brasil. Prestamos serviços de gestão de pagamentos eletrônicos, por meio da captura, processamento, liquidação e gestão de transações realizadas através de diversos meios de pagamento" (WIRED CARD BRASIL, 2018).

[33] Definida pela Lei nº 12.865/2013 como a "conta de registro detida em nome de usuário final de serviços de pagamento utilizada para a execução de transações de pagamento".

Bacen, não se confundem com as moedas virtuais, sendo estas descritas no Comunicado n° 25.306/2014 como as "denominadas em unidade de conta distinta das moedas emitidas por governos soberanos, e não se caracterizam dispositivo ou sistema eletrônico para armazenamento em reais".

A conta de pagamento pós-paga, como diz o nome, é aquela em que o pagamento ocorre em data posterior à da realização da transação. A conta de depósito à vista é a conta bancária, cujos pagamentos podem feitos por meio de cartão de débito.

Por fim, há relacionamento eventual do emissor com o usuário final quando este "não possua, na instituição remetente ou na instituição destinatária, respectivamente, conta que seja movimentável por meio de instrumento de pagamento disciplinado pelo arranjo (art. 3°, IV, da Resolução CMN 4.282/2013)[34].

Ao analisar as definições de arranjos de pagamento a partir de instrumentos pré ou pós-pago, de depósito à vista ou de relacionamento eventual, a conclusão é de que o Bacen buscou refletir na regulação as práticas de mercado prévias à regulação. A relevância dessa classificação é refletida nos serviços que podem ser exercidos pelas instituições de pagamento, as quais diferem de acordo com a modalidade dos instrumentos de pagamento, como abordado no capítulo 2.

1.3.4 Doméstico ou transfronteiriço

Outra forma de classificação dos arranjos de pagamento é por meio da abrangência territorial. São domésticos os arranjos cujos instrumentos de pagamentos sejam emitidos e utilizados em território nacional e transfronteiriços quando emitidos ou passíveis de utilização no exterior.

Conforme esclarecido pelo Bacen no item 3 do Anexo IV à Carta Circular Bacen n° 3.656/2014, o arranjo transfronteiriço não engloba o arranjo doméstico, eis que "Se um instrumento puder ser utilizado tanto no âmbito doméstico quanto no transfronteiriço, esse instrumento dá acesso a dois arranjos distintos".

Essa classificação é relevante ao se analisar, por exemplo, se um arranjo de pagamentos atinge os volumes máximos para arranjos não integrantes do SPB, mencionados no item 1.3.1, já que os patamares então mencionados são aplicados por arranjo.

Dessa forma, se um instituidor de arranjos de pagamentos tem dois arranjos pós-pagos, sendo um nacional e outro transfronteiriço, mas somente o nacional, por exemplo, apresenta volume superior a 500 milhões de reais, o arranjo pós-pago nacional será integrante do SPB e o arranjo pós-pago transfronteiriço não será integrante do SPB.

1.3.5 Fechado ou aberto

Os arranjos de pagamento podem ser classificados, ainda, em fechados e abertos. Os arranjos fechados, nos termos do artigo 2º, I, do Regulamento Anexo à Circular Bacen nº 3.682/2013, são aqueles em que: a gestão de moeda eletrônica ou a gestão de conta, a emissão e o credenciamento de instrumento de pagamento são realizados por instituição de pagamento ou instituição financeira igual, controladora ou controlada pelo controlador do instituidor do arranjo de pagamentos. Em 26 de março de 2018 foi publicada a Circular n. 3.886, que altera a Circular n. 3.682, a fim de prever que o arranjo fechado pode também ser estabelecido por instituição de pagamento ou instituição financeira controlada pela mesma entidade que controla instituidor de arranjos de pagamento.

Tal diferenciação é relevante para as atividades que poderão ser exercidas pelo instituidor de arranjos de pagamento. É vedado ao instituidor de arranjos de pagamento vincular a prática de determinada atividade a outra — por exemplo, vincular as atividades de emissão e de credenciamento. No entanto, se o arranjo for fechado, o instituidor de arranjos de pagamento poderá vincular a prática de determinada atividade a outra, desde que as atividades sejam realizadas exclusivamente por seu instituidor (art. 14, Regulamento Anexo à Circular Bacen nº 3.682/2013). Assim, por exemplo, em um arranjo fechado, o instituidor de pagamento poderá cumular as atividades de instituidor e de credenciadora.

1.3.6 Garantido ou não garantido

Arranjos garantidos são aqueles que garantem integralmente pagamento ao usuário final recebedor, independentemente de prazos de liquidação e parcelamento. A garantia ou os mecanismos de gerenciamento das falhas de pagamento entre participantes deve "se estender até a liquidação das transações com a instituição domicílio escolhida pelo usuário recebedor, não sendo de responsabilidade do arranjo garantir a higidez financeira da instituição domicílio" (art. 27, § 3º, do Regulamento Anexo à Circular Bacen nº 3.682/2013).

Quando a garantia não for integral, o arranjo é denominado como "não garantido". Nesse caso, deverá o instituidor estabelecer mecanismos de contenção de falha entre participantes (art. 27 do Regulamento Anexo à Circular Bacen nº 3.682/2013), como garantias (sobre as quais se fala no capítulo 2). De acordo com os princípios norteadores da regulação, é importante que fique claro ao usuário final quais são limitações de garantia do arranjo de pagamento do qual se utiliza.

[35] A classificação em arranjos garantidos e não garantidos não é expressa na regulação mas é comumente referida pelo regulador, a exemplo da apresentação "O Mercado de Meios Eletrônicos de Pagamento: O Novo Marco Regulatório", do diretor de Política Monetária, Sr. Aldo Mendes, realizada em 2015 no Rio de Janeiro (MENDES, 2015).

1.3.7 De três e de quatro partes

A classificação entre arranjos de três e quatro partes (também chamados de "arranjos de três e quatro pontas") não consta da regulação, mas é uma classificação habitual do mercado e, inclusive, referida pelo regulador[36]. É aqui descrita pela importância que tem para a compreensão do tema.

O modelo de três partes é aquele em que a instituição de pagamento cumula as atividades de credenciamento e de emissão. As bandeiras American Express e Diners, por exemplo, funcionam dessa forma. Já no modelo de quatro partes, as atividades de credenciamento e de emissão são cindidas, podendo ser realizadas por diferentes instituições de pagamento. São exemplos de bandeiras no modelo de quatro partes a Visa e a Mastercard.

Esquema 4 – Modelos de três e de quatro partes.

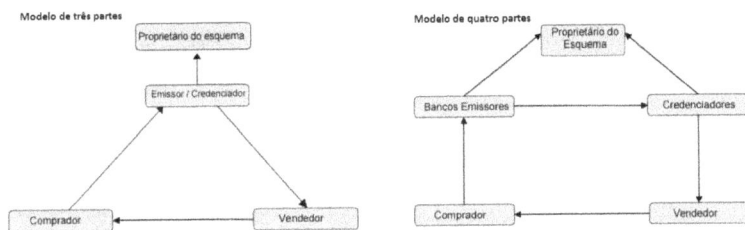

Fonte: Banco Central do Brasil et al (2010, p. 22 e 23), adaptado pela autora.

Sob essa diferenciação, há uma reflexão de significativo impacto. A primeira diz respeito às atividades de emissão e credenciamento no arranjo de quatro partes. Historicamente, as bandeiras condicionavam a concessão de licença de credenciamento à concomitante concessão de licença para emissão. O Bacen havia

---

[36] Pode existir, ainda, o modelo de duas partes — estabelecimento comercial e portador —, em que o estabelecimento comercial realiza todas as atividades de emissão, adquirência e processamento da transação. É questionável a classificação desse modelo como sistema de pagamento, pois a relação de pagamento está intrincada à própria transação de compra e venda ou de prestação de serviços.

constatado essa prática no passado: "Em termos de restrições para participação na rede, pode existir a regra que limita a participação no credenciamento aos emissores da plataforma, conhecida como *net issuer acquirer*" (BANCO CENTRAL DO BRASIL et al., 2010, p. 47).

A partir do advento da regulação, com a aplicação do princípio da não discriminação, e como previsto especificamente no artigo 14 do Regulamento Anexo à Circular Bacen nº 3.682/2013, é vedado ao instituidor de arranjos de pagamento vincular a prática de determinada atividade a outra. Portanto, a partir da regulação, passaram a ser emitidas licenças para as instituições de pagamento para atuação nas atividades de emissão e credenciamento de forma independente. Da mesma forma, a regra é aplicada aos arranjos do modelo de três partes. Assim, não podem mais tais bandeiras vincular as atividades de emissão e de credenciamento.

De outro lado, como aplicação do princípio da interoperabilidade, o Bacen aditou a Circular Bacen nº 3.815/2016, pela qual alterou a Circular Bacen nº 3.682/2013, a fim de determinar a interoperabilidade com as bandeiras de três partes. Ao incluir o artigo 24-A à Circular Bacen nº 3.682/2013, o regulador estabeleceu o dia 24 de março de 2017 como prazo para que os instituidores de arranjos de pagamento procedessem à abertura de participação dos arranjos de pagamento (excetuadas as hipóteses previstas no art. 15 do mesmo diploma), sobre pena de advertência, multa pecuniária de até 250 mil reais e inabilitação temporária. Por tal determinação, deveria a bandeira, em tal prazo, apresentar ao Bacen as alterações de seu regulamento, os contratos, o cronograma de homologação e a documentação relativa a questões procedimentais e tecnológicas, para que os interessados pudessem aderir a seus arranjos como participantes. Com isso, bandeiras que eram aceitas por somente uma credenciadora passaram a ser aceitas por outras credenciadoras que tinham interesse em tal. A bandeira Amex, por exemplo, que antes tinha como credenciadora apenas a Cielo, passou a aceitar, em 2017, transações com as credenciadoras Getnet e Rede. Essas mudanças ilustram os impactos da aplicação dos princípios da interoperabilidade, da eficiência e da não discriminação.

Neste capítulo, foram abordadas a história dos meios de pagamento eletrônicos, as razões que levaram à sua regulação, os princípios da regulação e a classificação dos arranjos de pagamento. A compreensão sobre as origens dos sistemas de pagamento e da regulação, assim como sobre os diferentes tipos de sistemas, é fundamental para a análise feita no capítulo seguinte.

No próximo capítulo, são abordados os papéis de cada ator no contexto dos sistemas de pagamento eletrônicos. É estudada, também, a rede de contrato que se estabelece entre esses atores a fim de viabilizar o funcionamento dos sistemas de pagamento eletrônicos. A avaliação do papel de cada ator no âmbito das redes de pagamento é essencial para que seja possível compreender como os atores podem interoperar. O estudo dos contratos, no mesmo sentido, permite entender a distribuição das responsabilidades entre os atores dos arranjos de pagamento, de modo a viabilizar a avaliação dessa distribuição no contexto da interoperabilidade.

2 REDE CONTRATUAL NOS ARRANJOS DE PAGAMENTO

O presente capítulo tem por objetivo estudar a composição dos arranjos de pagamento, ou seja, quem é o instituidor de arranjos de pagamento, quem são os participantes dos arranjos de pagamento e quais são os demais atores que interagem para que o pagamento eletrônico possa acontecer. A partir da análise do instituidor, dos participantes e dos atores dos arranjos de pagamento, é avaliada a rede de contratos que se estabelece entre essas figuras. A proposta é, ao final deste capítulo, poder identificar quais são os atores envolvidos em uma rede de pagamentos e de que forma interagem para que os pagamentos eletrônicos ocorram.

Como visto no capítulo 1, a regulação dos pagamentos eletrônicos teve por objetivo endereçar os riscos desses meios de pagamento. De outro lado, os atores dos sistemas de pagamento celebram contratos para endereçar esses riscos. Neste capítulo, são abordadas as relações entre os atores e a rede de contratos que se estabelece entre eles.

Os principais atores que compõem os arranjos de pagamento são, a saber:

Quadro 1 – Atores dos arranjos de pagamento.

Denominação do Mercado	Denominação da Regulação
Adquirente	Instituição financeira ou de pagamento
Credenciadora	de credenciamento
Bandeira	Instituidor de arranjo de pagamento
Emissor	Instituição financeira ou de pagamento
	de emissão
Estabelecimento comercial	Usuário final recebedor
Facilitador	Subcredenciadora
Portador do cartão	Usuário final pagador
VAN	Prestador de serviços de rede

Fonte: elaboração própria.

Esses atores interagem, no âmbito de cada arranjo de pagamento, para que a transação de pagamento seja realizada. O esquema 5, assim com o texto que o complementa, elucidam o passo a passo de uma transação de pagamento.

Esquema 5 – Como o processo de pagamento funciona.

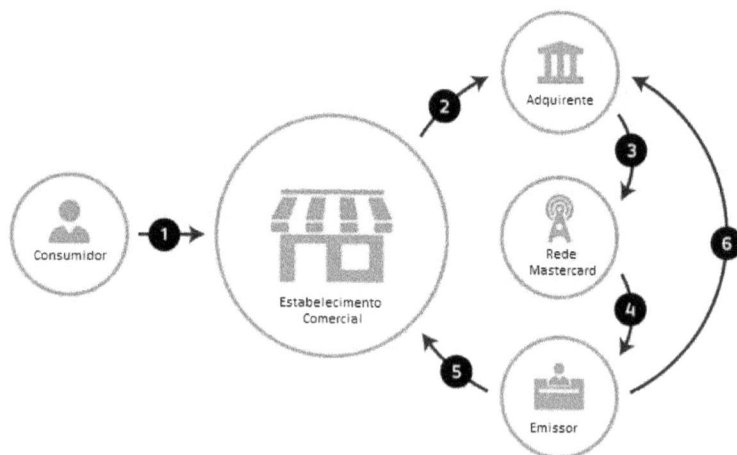

Fonte: Mastercard Inc. (2017a), adaptado pela autora.

Segundo o fluxo apresentado pela Mastercard e que se aplica ao funcionamento de outras bandeiras de quatro partes, o passo a passo de uma transação é:

Passo 1: O cliente paga com o Mastercard: O cliente compra bens/serviços de um estabelecimento comercial.

Passo 2: O pagamento é autenticado: O POS do estabelecimento comercial captura as informações da conta do cliente e as envia com segurança ao adquirente.

Passo 3: A transação é submetida: O adquirente do estabelecimento comercial solicita à Mastercard que obtenha uma autorização do banco emissor do cliente.

Passo 4: A autorização é solicitada: A Mastercard envia a transação ao emissor para obter autorização.

Passo 5: Resposta de autorização: O banco emissor autoriza a transação e roteia a resposta de volta ao estabelecimento comercial.

Passo 6: Pagamento ao estabelecimento comercial: O banco emissor encaminha o pagamento ao adquirente do comerciante que deposita o pagamento na conta do comerciante. (MASTERCARD INC, 2017a, grifos no original, tradução livre)[37].

Neste capítulo são analisados, sob a ótica da regulação, os atores das redes de pagamento eletrônico e as relações jurídicas que se estabelecem entre eles em forma de rede de contratos. No decorrer do texto, são abordadas, conforme for oportuno, algumas

---

[37] No original em inglês: "**Step 1: The customer pays with Mastercard** The customer purchases goods/services from a merchant. **Step 2: The payment is authenticated** The merchant point-of-sale system captures the customer's account information and securely sends it to the acquirer. **Step 3: The transaction** is submitted The merchant acquirer asks Mastercard to get an authorization from the customer's issuing bank. **Step 4: Authorization is requested Mastercard** submits the transaction to the issuer for authorization. **Step 5: Authorization response** The issuing bank authorizes the transaction and routes the response back to the merchant. **Step 6: Merchant payment** The issuing bank routes the payment to the merchant's acquirer who deposits the payment into the merchant's account".

práticas do mercado de pagamentos eletrônicos, sua origem, seus riscos e o tratamento dado pela regulação.

2.1 INSTITUIDOR

O instituidor de arranjos de pagamento é, conforme definição do artigo 6º, II, da Lei nº 12.865/2013, "pessoa jurídica responsável pelo Arranjo de Pagamento e, quando for o caso, pelo uso da marca associada ao arranjo de pagamento". Anteriormente à regulação, tais empresas eram chamadas de "proprietárias de esquemas" (BANCO CENTRAL DO BRASIL et al, 2010, p. 6). Equivalem às companhias titulares de bandeiras de cartões, como Mastercard, Visa, Hipercard, Elo, American Express e Diners.

O instituidor de arranjo deve ser constituído no país como pessoa jurídica com objeto social compatível com a instituição de arranjos de pagamento. Deve possuir capacidades técnico-operacional, organizacional, administrativa e financeira para cumprir suas obrigações e lançar mão de mecanismos de governança efetivos e transparentes (art. 3º, I, do Regulamento Anexo à Circular Bacen nº 3.682/2013). A partir da regulação pelo Banco Central, as bandeiras foram demandadas a adaptar os documentos que prescreviam suas regras à regulação e submeter tais regulamentos à aprovação do Banco Central. Os regulamentos dos arranjos de pagamento não podem "ser discriminatórios e devem ser compatíveis com as atividades desempenhadas pelo participante e com enfoque na segurança e na eficiência do arranjo e do mercado por ele atendido", de acordo com o artigo 12 da Circular nº 3.682 do Bacen. Uma vez aprovados pelo Banco Central, os regulamentos dos arranjos de pagamento serão documentos públicos e somente poderão ser alterados mediante comunicação ou autorização pelo Banco Central, conforme o caso. Para aderir a um arranjo de pagamento, os participantes devem celebrar com o instituidor do arranjo de pagamentos o contrato de licenciamento (abordado no item 2.4.1.1).

Cabe ao instituidor do arranjo de pagamentos estabelecer procedimentos para: gerenciamento dos riscos dos participantes; aspectos operacionais mínimos a serem atendidos pelos participantes; fornecimento de informações e de instruções mínimas a serem prestadas pelas instituições participantes aos usuários finais dos serviços oferecidos; acompanhamento de fraudes em cada instituição participante; liquidação das transações entre as instituições participantes do arranjo; e interoperabilidade entre os participantes do arranjo e com outros arranjos de pagamento (art. 4º do Regulamento Anexo à Circular Bacen nº 3.682/2013).

Considerando que uma das obrigações dos instituidores de pagamento é estabelecer procedimentos para gerenciamento dos riscos dos participantes, bem como considerando que o endereçamento dos riscos é um dos principais objetivos da regulação, é importante mencionar os requisitos específicos do regulador a tal respeito. A Circular nº 3.681/2013 prescreve, no artigo 20, que o gerenciamento de riscos no âmbito dos arranjos de pagamento deve abarcar riscos operacionais, de crédito e de liquidez, conforme a seguir descrito. Os riscos operacionais compreendem a possibilidade da ocorrência de perdas resultantes de falhas: de proteção e segurança de dados, de identificação e autenticação do usuário final, na autorização das transações de pagamento, em sistemas de tecnologia da informação e na execução, no cumprimento de prazos e no gerenciamento das atividades envolvidas em arranjos de pagamento; fraudes internas e externas; práticas inadequadas relativas a usuários finais, produtos e serviços de pagamento; danos a ativos físicos próprios ou em uso pela instituição; demandas trabalhistas e segurança deficiente do local de trabalho; e ocorrências que acarretem a interrupção das atividades da instituição de pagamento ou a descontinuidade dos serviços de pagamento prestados. O risco de liquidez consiste na possibilidade de a instituição de pagamento não ser capaz de: honrar eficientemente suas obrigações esperadas e inesperadas, correntes e futuras, sem afetar suas operações diárias e sem incorrer em perdas significativas; e converter moeda eletrônica em moeda física ou escritural no momento da solicitação do usuário. Por fim, risco de crédito é, conforme a Resolução nº 3.721/2013, artigo 20, a "possibilidade de ocorrência de perdas associadas ao não cumprimento pela contraparte de suas respectivas obrigações financeiras nos termos pactuados, à redução de ganhos ou remunerações, às vantagens concedidas na renegociação e aos custos de recuperação", incluindo o inadimplemento.

Embora seja dever do instituidor de arranjos de pagamento estabelecer procedimentos para gerenciamento dos riscos dos participantes, a Circular nº 3.681/2013 prevê que "As instituições de pagamento devem implementar estrutura de gerenciamento dos riscos operacional, de liquidez e de crédito" (art. 3º). Portanto, cabe ao instituidor de arranjos de pagamento estabelecer procedimentos e às instituições de pagamento, implementar estrutura de gerenciamento dos riscos. O Regulamento Anexo à Circular Bacen nº 3.682/2013 estabelece, ainda, em seu artigo 4º, § 1º, que o instituidor de arranjo deve monitorar e atestar o cumprimento, pelos participantes do arranjo, dos requerimentos anteriormente mencionados, facultando ao instituidor do arranjo a realização de testes e auditoria dos participantes para certificar-se do cumprimento dos procedimentos estabelecidos.

De outro lado, cabe destacar outro risco de elevada importância, não previsto de forma destacada na regulação: o risco de liquidação, que é reflexo dos riscos operacional, de liquidez e de crédito. O risco de liquidação diz respeito ao cumprimento das obrigações de pagamento entre os participantes de um arranjo de pagamento:

O **risco de liquidação** (settlement risk) aumenta quando um operador cumpre a sua obrigação antes de ter certeza se receberá a contrapartida. O problema típico do sistema de pagamentos [...] O risco de liquidação é, de alguma forma, um efeito colateral do funcionamento desses mercados. O problema é que o tamanho das operações que são realizadas diariamente por cada intermediário é múltiplo de seu patrimônio. Ainda que a probabilidade de ocorrência seja baixíssima, os efeitos podem ser desastrosos. Em certo sentido, se trata do equivalente, para o sistema financeiro, ao risco de um acidente em uma central nuclear. [...] Justamente pelo tamanho dos números envolvidos, o risco de liquidação pode assumir dimensões sistêmicas e há uma série de implicações-chave, sendo a primeira a participação direta ou indireta de bancos centrais em sistemas de pagamento, incluindo aqueles relacionados ao mercado de valores mobiliários. O banco central, graças ao crédito de "última instância", é capaz de fornecer aos participantes as regras de liquidação, reduzir o risco em questão e evitar o surgimento de fenômenos de "contágio" resultantes de uma possível insolvência de um operador. (ONADO, 2004, p. 70, tradução livre, grifo no original)[38].

O risco de liquidação é tratado no item específico deste capítulo sobre câmaras de liquidação, quando se explica o que é o processo de liquidação e o modo como o risco de liquidação é endereçado na rede de pagamentos eletrônicos. Entretanto, cabe ressaltar

[38] No original em italiano: "**Il rischio di controparte** (settlement risk) sorge quando un operatore adempie la sua prestazione prima di essere sicuro di ricevere la controprestazione. Il problema è típico del sistema dei pagamento [...] Il rischio di controparte è in qualche modo um effetto collaterale del funzionamento di questi mercati. Il problema è che le dimensioni delle operazioni che vengono quotidianamente effettuate da ciascun intermediario sono um multiplo del suo patrimonio. Anche se la probabilità di accasimento è bassissima, gli effetti possoni essere disastrosi. In un certo senso, si trata dell'equivalente per il sistema finanziario del rischio di incidente di uma centrale nucleare. [...] Proprio per le dimensioni enormi delle cifre coinvolte, il rischio di controparte può assumere dimensioni sistemiche e ha una serie di implicazioni fondamentali, la prima delle quali è la partecipazione diretta o indiretta delle banche centrali ai sistemi di pagamento, compresi quelli relativi ai mercato dei titoli. La banca centrale, grazie al credito di 'ultima istanza' chi è in grado di assicurare ai partecipanti ai sistemi di regolamento, reduce il rischio in questione ed è in grado di evitare sul nascere fenomeni di 'contagio' derivante dall'eventuale insolvenza di un operatore."

que esse risco também deve ser objeto dos procedimentos previstos pelo instituidor de pagamentos.

O Bacen publicou, em 26 de março de 2018, Edital de Consulta Pública n. 61/2018, acerca da obrigatoriedade de constituição de Comitê de Governança, no âmbito dos arranjos de pagamento abertos e com valor total de transações superior a R$20 bilhões de reais. Tal exigência impactaria as maiores bandeiras que atuam no Brasil (Mastercard, Visa, Elo e Amex), atingindo cerca de 95% do volume financeiro total movimentado no mercado de cartões. O sugerido Comitê de Governança serviria a estabelecer mecanismos para oportunizar a manifestação dos participantes dos arranjos "em condições mais equânimes, relativamente a assuntos que tenham impacto em sua atuação e em seu modelo de negócio, quais sejam: estrutura de preços, acesso e tratamento de informações sensíveis, participação e gerenciamento de riscos" (BANCO CENTRAL DO BRASIL et al., 2018d, p.1).

Tal Comitê de Governança seria composto por um representante do instituidor do arranjo, dois representantes de participantes de cada uma das modalidades de participação previstas no regulamento do arranjo e um conselheiro independente, que também coordenaria o Comitê. Caberia ao Comitê elaborar propostas, realizar avaliações e manifestar-se perante o instituidor do arranjo em relação a: estrutura de preços, tarifas e remuneração cobrados no âmbito do arranjo; acesso e mecanismos de tratamento de informações sensíveis, especialmente aquelas relacionadas a aspectos concorrenciais; participação e interoperabilidade; e gerenciamento de riscos. À primeira leitura, a proposta parece ferir a livre iniciativa e a livre concorrência, ultrapassando o âmbito de atuação do regulador, com intervenção desproporcional na atividade privada.

2.2 PARTICIPANTES

Segundo o artigo 11 da Circular Bacen nº 3.682/2013, os participantes dos arranjos de pagamento são: as instituições financeiras, as instituições de pagamento, os prestadores de serviço de rede, as instituições domicílio e as subcredenciadoras, devido à mudança promovida em 26 de março de 2018 pela Circular n. 3.886, que altera a Circular n. 3.682, e passa a prever as como participantes dos arranjos de pagamentos. A participacação se dá por adesão a um arranjo de pagamento.

Os participantes que assumem mais destaque são as instituições financeiras e as instituições de pagamento, já que atuam nas atividades de emissão de cartões e credenciamento de estabelecimentos comerciais. Por muito tempo, as bandeiras concediam licenças somente ou preferencialmente para instituições financeiras, supervisionadas pelo Bacen. Apesar de considerar tal regra como barreira de entrada, o Bacen entendia que tal prática era uma forma de gerenciamento de risco (BANCO CENTRAL DO BRASIL et al., 2010, p. 145). Antes mesmo da regulação, as bandeiras encontraram formas alternativas de mitigação de riscos e passaram a licenciar instituições não financeiras, as denominadas "*fintechs*"[39]. A participação de instituições não financeiras nos sistemas de pagamento eletrônico pode trazer muitos benefícios, como o aumento da concorrência, propiciando mais inovação, diversidade e inclusão financeira.

---

[39] O conceito de *fintechs* é ora feito a título de esclarecimento apenas, uma vez que não é objeto do presente trabalho. Na definição de Arner, Barberis e Buckley, o termo "*financial technology*" ou "*fintech*" "refere-se à utilização de tecnologia para fornecer soluções financeiras". Aduz que "fintech não é um desenvolvimento inerentemente novo para a indústria de serviços financeiros" e descreve suas três etapas de evolução: *fintech* 1.0, de 1866 a 1967, quando a indústria de serviços financeiros permaneceu majoritariamente analógica; *fintech* 2.0, de 1967 a 2008, quando se verificou o desenvolvimento dos serviços financeiros digitais tradicionais; *fintech* 3.0, a partir de 2008, quando "novas empresas e empresas de tecnologia estabelecidas começaram a oferecer produtos e serviços financeiros diretamente para as empresas e o público em geral" (ARNER; BARBERIS; BUCKLEY, 2015, p. 3-6).

A partir da regulação, a atuação de instituições não financeiras, chamadas de "instituições de pagamento", foi consolidada como reconhecimento da importância da diversificação dos atores. Dessa forma, com a regulação da atuação de entidades não financeiras no âmbito dos arranjos de pagamento, foi ratificada a legitimidade da atuação de empresas de tecnologia no mercado financeiro.

Tanto as instituições financeiras quanto as instituições de pagamento são participantes dos arranjos de pagamento, com algumas diferenças destacadas a seguir.

2.2.1 Instituições financeiras

As instituições financeiras são, como definido na Lei nº 4.595/1964, artigo 17, estabelecimentos bancários oficiais ou privados das sociedades de crédito, financiamento e investimentos, das caixas econômicas e das cooperativas de crédito que tenham como atividade principal ou acessória a coleta, a intermediação ou a aplicação de recursos financeiros próprios ou de terceiros, em moeda nacional ou estrangeira, e a custódia de valor de propriedade de terceiros. O funcionamento das instituições financeiras está condicionado a prévia autorização do Bacen ou decreto do Poder Executivo, quando forem estrangeiras (Lei nº 4.595/1964, art. 18).

Para a prestação de serviços de pagamento no âmbito dos arranjos de pagamento, algumas classes de instituições financeiras estão dispensadas de autorização específica do Bacen, conforme artigo 41 da Circular Bacen nº 3.683/2013: a) para emissão e credenciamento, os bancos comerciais, os bancos múltiplos com carteira comercial e as caixas econômicas; b) para emissão de instrumento de pagamento pós-pago, as sociedades de crédito, financiamento e investimento; e c) para emissão e credenciamento exclusivamente aos seus associados, as cooperativas singulares de crédito. Todas as demais instituições devem solicitar autorização do Bacen para atuação nos serviços de credenciamento e emissão, conforme aplicável.

2.2.2 Instituições de pagamento

As instituições de pagamento são definidas pela Lei nº 12.865/2013, artigo 6º, III, como aquelas que aderem a arranjos de pagamento para: emitir instrumento de pagamento; gerir conta de pagamento; executar ou facilitar a instrução de pagamento; disponibilizar serviço de aporte ou saque de recursos mantidos em conta de pagamento; executar remessa de fundos; converter moeda física ou escritural em moeda eletrônica, ou vice-versa; credenciar a aceitação ou gerir o uso de moeda eletrônica; e credenciar a aceitação de instrumento de pagamento.

As instituições financeiras e as instituições de pagamento podem emitir e gerir instrumentos de pagamento nas seguintes modalidades: emissor de moeda eletrônica (ou pré-paga) ou emissor de instrumento de pagamento pós-pago (de crédito)[40].

A emissão e a gestão de instrumento para movimentação de conta de depósitos à vista (débito) poderá ser feita somente por instituições financeiras, já que somente elas podem abrir contas de depósitos.

---

[40] "Art. 2º As instituições de pagamento são classificadas nas seguintes modalidades, de acordo com os serviços de pagamento prestados: I - emissor de moeda eletrônica: instituição de pagamento que gerencia conta de pagamento de usuário final, do tipo pré-paga, disponibiliza transação de pagamento com base em moeda eletrônica aportada nessa conta, converte tais recursos em moeda física ou escritural, ou vice-versa, podendo habilitar a sua aceitação com a liquidação em conta de pagamento por ela gerenciada; (Redação dada pela Circular no 3.705, de 24/4/2014.); II - emissor de instrumento de pagamento: instituição de pagamento que gerencia conta de pagamento de usuário final pagador, do tipo pós-paga, e disponibiliza transação de pagamento com base nessa conta;" (Circular n. 3.683, de 4 de novembro de 2013, do Bacen).

Segundo o artigo 4º da Circular n. 3.885, de 28 de março de 2018, o emissor de moeda eletrônica gerencia conta de pagamento, disponibiliza transação de pagamento ou transferência da moeda eletrônica aportada nessa conta, converte tais recursos em moeda física ou escritural, ou vice-versa; o emissor de instrumento de pagamento pós-pago (isto é, de instrumentos como cartão de crédito) gerencia conta de pagamento de usuário final pagador e disponibiliza transação de pagamento com base nessa conta; e o credenciador habilita recebedores para a aceitação de instrumento de pagamento e participa do processo de liquidação das transações de pagamento como credor perante o emissor, sem gerenciar conta de pagamento.

Tanto as instituições financeiras quanto as instituições de pagamento devem seguir normas que endereçam o risco de suas atividades, nomeadamente que:

- segreguem recursos em contas de pagamento (Lei nº 12.865/13);
- atendam às necessidades dos usuários finais, em especial a segurança e proteção de seus interesses econômicos (Resolução CMN nº 4.282/13);
- mantenham diariamente os recursos mantidos em contas de pagamento pré-pagas em conta específica no BCB ou em títulos públicos federais (Circular BCBnº3.681/13);
- assegurem ao usuário final o resgate total dos recursos, a qualquer tempo, excetuado em relação a programas de benefício social (Circular BCB nº 3.680/13);
- designem diretor responsável pelas contas de pagamento (Circular BCB nº 3.680/13). (BALDUCCINI, 2015, p. 11).

A adoção dessas medidas não só é condição para a concessão de autorização para funcionamento pelo Bacen, como também é fundamental para o endereçamento dos riscos operacional, de crédito e de liquidez.

A atividade de emissão de cartões de pagamento e de gestão das contas de pagamento é majoritariamente realizada por instituições financeiras — por exemplo, Itaú, Bradesco, Banco do Brasil, Caixa Econômica Federal —, mas pode também ser realizada por instituições não financeiras (como *fintechs*), desde que o objeto principal da instituição seja a prestação de serviços de pagamento, a exemplo do Nubank. De outro lado, há a diversificação dos atores do mercado, especialmente pela entrada das empresas de tecnologia no mercado financeiro, as *fintechs*. Nesse sentido, a regulação do Bacen demanda que os regulamentos dos arranjos de pagamento prezem pela não discriminação entre seus participantes. Com isso, não só a entrada de novos participantes é incentivada, como também são ditadas regras mais benéficas à participação de múltiplos atores, propiciando a concorrência. Essa diversificação também permite a capilarização das atividades. Isso porque, ao incentivar a atuação diversificada dos participantes de arranjos de pagamentos e, por consequência, favorecer a concorrência, permite-se que os serviços alcancem públicos ainda não atendidos pelo sistema de pagamentos.

Além das atividades de emissão, as instituições de pagamento e as instituições financeiras podem atuar como credenciadoras[41] de aceitação de instrumento de pagamento, e são assim chamadas porque credenciam os estabelecimentos comerciais que desejam receber pagamentos eletrônicos. Segundo a definição da regulação credenciadora, é a instituição de pagamento que, sem gerenciar conta de pagamento, habilita usuários finais recebedores para a aceitação de instrumento de pagamento e participa do

---

[41] As empresas credenciadoras são também comumente chamadas de "adquirentes" ou "acquirers". Neste trabalho, se prefere a denominação escolhida pelo regulador, qual seja, "credenciadora" (no feminino, porque se refere às instituições financeiras ou de pagamento).

processo de liquidação das transações de pagamento como credor perante o emissor (art. 20 da Circular nº 3.683, de 4 de novembro de 2013, do Bacen, alterada pela Circular nº 3.705, de 24 de abril de 2014). São exemplos de credenciadoras: Cielo, Rede e Getnet. Historicamente, houve limitação de concessão de licença de adquirência pela bandeira, isto é, de credenciamento, a instituições que emitissem cartões de tal bandeira.

O Bacen havia identificado restrição ao licenciamento de credenciadoras como uma falha de mercado: "Em termos de restrições para participação na rede, pode existir a regra que limita a participação no credenciamento aos emissores da plataforma, conhecida como *net issuer acquirer*" (BANCO CENTRAL DO BRASIL et al., 2010, p. 47). Como um dos objetivos da regulação é a não discriminação, a regulação permitiu que instituições não financeiras atuassem como credenciadoras, como forma de aumentar a concorrência entre credenciadoras. As instituições de pagamento que participavam de arranjos de pagamentos integrantes do SPB antes de 5 de maio de 2014, data em que a Circular nº 3.683, de 2013 entrou em vigor, deveriam requerer autorização para funcionamento até 1º de dezembro de 2014 e poderiam continuar a funcionar (Circular nº 3.683/2013, art. 66). As instituições de pagamento que não participavam de arranjos de pagamentos integrantes do SPB antes de 5 de maio de 2014 deveriam igualmente requerer autorização de funcionamento, mas só poderiam funcionar após tal autorização. Logo, as instituições de pagamento que não atuavam em 5 de maio de 2014 não poderiam atuar até que tivessem autorização do Bacen. O dilema era se nenhuma nova instituição de pagamento poderia atuar como participante de arranjos de pagamento integrantes do SPB até que tivesse a autorização, pois o Bacen levou alguns anos até emitir a primeira autorização. De certa forma, esse hiato acabou por retardar a entrada de novos atores no mercado, em contradição com os objetivos da própria regulação.

Até março de 2018, a atuação das instituições de pagamento estava condicionada a aprovação prévia pelo Bacen quando participantes de arranjos de pagamento integrantes do SPB. Àquela altura, de um lado, a Circular nº 3.682/2013 estabelecia como condição mínima para participação em arranjos de pagamento a autorização pelo Bacen (art. 13, I). De outro, na Circular nº 3.682/2013, o Bacen estabelecia a exigência de apresentação, pela instituição de pagamento, de contrato, licenciamento ou compromisso de licenciamento do instituidor de arranjo de pagamento (art. 5º, X). Aparentemente, o Bacen só autorizaria instituições de pagamentos licenciadas e, por sua vez, o instituidor de arranjo de pagamento só licenciaria instituições de pagamentos autorizadas pelo Bacen. Como poderia o instituidor de arranjo de pagamento emitir licença ou comprometer-se a tanto sem que a instituição de pagamento sequer tivesse submetido o requerimento de autorização ao Bacen? À primeira vista, parece ser uma questão como a do ovo e da galinha. Mas a solução é apresentada pela própria Circular nº 3.682/2013, ao se referir a "compromisso de licenciamento" do instituidor de arranjo de pagamento. Pode o instituidor de arranjo de pagamento se comprometer a emitir a licença ao candidato a participante, condicionando-a à posterior concessão de autorização pelo Bacen.

Outra alteração promovida em foi a flexibilização do processo de autorização pelo regulador. Em 26 de março de 2018 foi publicada a Circular n. 3.886, que incluiu o parágrafo 2o ao Regulamento anexo à Circular n. 3.682, a fim de prever que a "comunicação de autorização ao requerente indicará as questões cobertas pelo processo de autorização, assim como eventuais pendências de menor magnitude, cujo tratamento e acompanhamento integrarão o escopo do processo de vigilância de que trata a Seção V [Da Vigilância] deste Regulamento". O objetivo do regulador, ao promover esta alteração, é simplificar e trazer mais celeridade ao processo de autorização de arranjos de pagamentos. Com este propósito, também em 26 de março de 2018 foi publicada a Circular n. 3.885, que incluiu o parágrafo 20 ao Regulamento anexo à Circular n. 3.682, que estabelece os requisitos e os procedimentos para autorização para funcionamento, alteração de controle e reorganização societária, cancelamento da autorização para funcionamento, condições para o exercício de cargos de administração nas instituições de pagamento e autorização para a prestação de serviços de pagamento por instituições financeiras e instituições de pagamento.

2.2.3 Prestadores de serviço de rede

São, ainda, participantes dos arranjos de pagamento os prestadores de serviço de rede, assim entendido aquele que "disponibiliza infraestrutura de rede para a captura e direcionamento de transações de pagamento" (art. 2º, V, do Regulamento Anexo à Circular Bacen nº 3.682/ 2013). São, portanto, as entidades que provêm a rede de captura e roteamento das transações. Conforme apontado pelo Bacen em outra oportunidade, o prestador de serviços de rede não equivale às credenciadoras: "Diferencia-se, portanto, do credenciador, que realiza as atividades de habilitação de recebedores para aceitação de instrumento de pagamento e participa do processo de liquidação das transações de pagamento" (BANCO CENTRAL DO BRASIL, 2016e, p. 10).

O Bacen fez, portanto, a cisão dos conceitos de credenciadora e adquirente, largamente tratados como sinônimos na indústria de pagamentos eletrônicos. Como mencionado no item anterior, a atividade de credenciamento (de alistamento de estabelecimentos comerciais) deve ser realizada por instituições de pagamento. As instituições de pagamento credenciadoras podem, também, atuar na adquirência (captura e roteamento) das transações. Quando isso ocorre, atuam como full acquirers. No entanto, caso atuem apenas na adquirência e não no credenciamento, serão chamadas de "prestadores de serviço de rede".

Quando um arranjo for fechado e, logo, a atividade de credenciamento for exclusiva, a atividade de prestador de serviço de rede deve ser aberta. Significa dizer que mais prestadores podem atuar em um arranjo de pagamentos fechado, interoperando com a credenciadora de tal arranjo. Assim, cada credenciadora de um arranjo pode atuar em conjunto (isto é, interoperar) com prestadores de serviço de rede para a atividade de captura e roteamento.

O objetivo de prever o prestador de serviço de rede como participante dos arranjos de pagamento é o de garantir a interoperabilidade e o acesso aberto ao modelo value-added-network:

> A fim de garantir interoperabilidade entre arranjos, mesmo em arranjos fechados, a prestação de serviço de rede deve ser aberta e não discriminatória.
>
> Na terminologia que o mercado vem utilizando, isso quer dizer que em qualquer arranjo no qual não exista estrutura de controle entre instituidor, emissor e credenciador deve ser garantido o acesso ao credenciamento no modelo de full acquirer, enquanto naqueles modelos em que essa estrutura de controle existe entre emissor, credenciador e instituidor deve ser garantido o acesso aberto no modelo de value-added-network (VAN). (BANCO CENTRAL DO BRASIL, 2015b, p. 13).

O objetivo dessa cisão é promover a interoperabilidade entre os arranjos de pagamento, credenciadoras e prestadores de serviço de rede, como modo de promover a interoperabilidade e a eficiência na utilização de estruturas de rede. O Bacen justificou, em 2015, a cisão entre os dois conceitos, para permitir multiplicidade de modelos de negócio:

Em resumo, nos arranjos fechados, a atividade de credenciamento é exclusiva, mas a atividade de PSR deve ser aberta. No caso dos arranjos abertos, tanto a atividade de credenciamento quanto a atividade de prestação de serviço de rede devem ser abertas e as regras e procedimentos do arranjo devem garantir a interoperabilidade entre elas. O BCB entende que a desvinculação das duas atividades e a interoperabilidade entre elas, no âmbito de um mesmo arranjo de pagamento, permitem a multiplicidade de modelos de negócio, inclusive com a existência de prestadores de serviço de rede e credenciadores independentes, criando um ambiente competitivo neste mercado, em linha com as exigências legais. (BANCO CENTRAL DO BRASIL, 2016e, p. 10).

A regulação adotou o conceito de value-added-network ao elevar o prestador de serviços de rede a participante dos arranjos de pagamento fechados. Com isso, pode haver aumento de competitividade entre os prestadores de serviços de rede, de modo a refletir os princípios de não discriminação, diversidade e eficiência previstos na regulação.

2.2.4 Instituições domicílio

Por fim, são também participantes dos arranjos de pagamento as instituições domicílio. De acordo com a Circular nº 3.682/2013, artigo 2º, VII, correspondem à "instituição financeira ou de pagamento, participante do arranjo de pagamento, detentora de conta de depósitos à vista ou de pagamento de escolha do usuário final recebedor para crédito ordinário de seus recebimentos autorizados no âmbito do arranjo de pagamento".

As instituições domicílio "tornam-se participantes ao aderirem a um arranjo de pagamento" (art. 11, *caput*), podendo ser dispensadas de participar do arranjo se o instituidor do arranjo demonstrar que consegue cumprir todas as obrigações regulatórias e se "as regras do arranjo garantirem que não existe discriminação em relação às instituições que podem atuar como instituição domicílio e que os prazos máximos para disponibilização dos recursos para livre movimentação pelo usuário recebedor sejam cumpridos" (art. 11, parágrafo único, do Regulamento Anexo à Circular Bacen n° 3.682/2013). Ao incluir as instituições domicílio como participantes dos arranjos de pagamento, a regulação abarca todo o fluxo de pagamento até o recebimento pelo usuário final recebedor, a fim de proporcionar a segurança e a solidez dos meios de pagamento eletrônicos.

2.2.5 Subcredenciadoras

O facilitador de pagamentos, também chamado de "subcredenciadora", atua sob a licença das credenciadoras, como intermediários do fluxo financeiro entre os estabelecimentos comerciais e as credenciadoras. O facilitador de pagamentos intermedeia a relação entre estabelecimentos comerciais e credenciadoras. São exemplos de facilitadores de pagamento: PayPal, Moip e Mercado Pago[42].

A regulamentação do Banco Central não previa originalmente o facilitador como uma figura independente nos arranjos de pagamento. A Lei n° 12.685 definiu, entre as atividades das instituições de pagamento, aquela de "executar ou facilitar a instrução de pagamento relacionada a determinado serviço de pagamento, inclusive transferência originada de ou destinada a conta de pagamento" (art. 6o, III, b). Já em 2015, os facilitadores foram denominados pelo regulador como "as instituições que agora passam

---

[42] Nota da autora: Alguns facilitadores de pagamento preferem se identificar como instituidores de arranjos de pagamento, com a intenção de interoperar com outros arranjos. Essa interpretação da extensão do conceito de interoperabilidade é abordada no capítulo 3.

a ser denominadas de emissores de moeda eletrônica" (BANCO CENTRAL DO BRASIL, 2015b, p. 14) — embora outras interpretações posteriores tenham sido manifestadas pelo regulador.

Nessa linha, os facilitadores de pagamento que atuariam na emissão de moeda eletrônica e na gestão de contas de pagamento com saldo pré-pago seriam considerados instituições de pagamento de emissão. De outro lado, as instituições de pagamento que atuam no credenciamento podem atuar sob a licença das credenciadoras licenciadas pelos instituidores de arranjos de pagamento.

O fato é que, desde a regulação, o Bacen tem cobrado dos instituidores de arranjos de pagamento mais transparência em relação às transações adquiridas por facilitadores de pagamento. O Bacen tem cobrado, informalmente, que as faturas apresentadas aos usuários finais pagadores apresentem o nome do estabelecimento comercial, e não apenas o nome do facilitador de pagamentos. Tal medida era adotada pelas credenciadoras até que a questão foi levada ao Cade pela Associação Brasileira de Internet (Abranet). A Abranet alegou que a Redecard atuava em abuso de poder econômico ao exigir que os facilitadores de pagamento credenciassem os estabelecimentos comerciais nas credenciadoras. Em 16 de junho de 2014 o Cade e a Redecard celebraram TCC, pelo qual a Redecard se comprometeu a se abster de praticar quaisquer condutas prejudiciais à ordem econômica e à livre concorrência e a pagar R$ 7,45 milhões a título de contribuição pecuniária (CONSELHO ADMINISTRATIVO DE DEFESA ECONÔMICA, 2016a). A divergência objeto do TCC reflete o entendimento dos facilitadores de pagamento de que não devem agir meramente como subcontratados das credenciadoras, mas como figuras autônomas e sujeitas a condições diferenciadas de tratamento. Há disputa entre credenciadoras e subcredenciadoras sobre a distribuição dos ônus e dos benefícios de suas atividades. Tendo como pano de fundo o debate sobre a delimitação da figura do facilitador de pagamento, o regulador silenciou quanto à sua classificação.

É nesse contexto que alguns facilitadores de pagamento passaram a defender que são arranjos de pagamento, a exemplo do Paypal[43]. Isso significa dizer que, sob a figura de instituidor de pagamentos, o facilitador de pagamento (que não emitir moeda eletrônica) instituiria as regras de seu arranjo e não precisaria manter diariamente recursos de contas de pagamento pré-pagas em conta específica no Bacen ou em títulos públicos federais (observados os volumes máximos de transações). A interoperabilidade entre arranjos de pagamento é abordada no capítulo 3.

Por fim, ainda sobre os facilitadores de pagamento, é importante ressaltar o entendimento manifestado pelo Bacen sobre a abrangência de seu conceito. O Bacen, no processo de regulação, aprofundou seu conhecimento sobre o funcionamento dos meios de pagamento eletrônico em nível de detalhe. Nessa análise, se deparou com as características peculiares dos *marketplaces*[44] e com os riscos de liquidação[45] ao usuário final recebedor que apresentam (a liquidação é abordada no item 2.3.2). Ao ser questionado sobre o enquadramento dos *marketplaces* na regulação, o Bacen manifestou o seu entendimento de que, ao atuarem na liquidação para os estabelecimentos comerciais que atuam sob sua plataforma, os *marketplaces* são considerados facilitadores de pagamento e, dessa forma, devem se adequar à regulação e seguir a liquidação centralizada (a liquidação centralizada é abordada no item 2.3.2)[46].

---

[43] De acordo com o Bacen, na listagem dos arranjos de pagamento não integrantes do SPB, o Paypal do Brasil Servicos de Pagamentos Ltda é um arranjo de pagamentos de compra, pré-pago e transfronteiriço (BANCO CENTRAL DO BRASIL, 2017g).

[44] *Marketplaces*, também chamados de "e-marketplaces", são ambientes de comércio eletrônico que intermedeiam a relação entre compradores e vendedores. São exemplos de *marketplaces* os comércios online: Mercardo Livre, Ponto Frio, Dafiti e Uber.

[45] "Ao ofertar serviços de pagamento, a empresa que atua como *marketplace* participa do fluxo financeiro, recebendo os recursos provenientes das transações diretamente dos credenciadores e repassando-os aos vendedores, deduzindo as tarifas pelos serviços prestados. Também é comum que esses *marketplaces* antecipem recursos referentes ao pagamento das transações aos vendedores, serviço que é cobrado," (BANCO CENTRAL DO BRASIL, 2017h).

[46] Sobre o tema, veja o texto "Como a polêmica regulação do Banco Central para *marketplaces* pode prejudicar startups", de 16/06/2017, de Felipe Matos, disponível em http://link.estadao.com.br/blogs/felipe-matos/polemica-regulacao-do-banco-central-junto-aos-marketplaces-pode-prejudicar-startups/.

A classificação como facilitador de pagamentos, ou como instituidor de arranjo de pagamento ou, ainda, como instituição de pagamento tem impacto na própria dimensão que a regulação em si pode tomar. Esse enquadramento traz consequência regulatórias, e assim como pode trazer mais segurança ao sistema, pode também onerar a participação nesse mercado. Em 26 de março de 2018 foi publicada a Circular n. 3.886, que alterou a Circular n. 3.682 e passou a prever as subcredenciadoras como participantes dos arranjos de pagamentos, assim definidas como:

> [...] participante do arranjo de pagamento que habilita usuário final recebedor para a aceitação de instrumento de pagamento emitido por instituição de pagamento ou por instituição financeira participante de um mesmo arranjo de pagamento, **mas que não participa do processo de liquidação das transações de pagamento como credor perante o emissor.** (grifo da autora).

Assim, as subcredenciadoras tornam-se participantes de um arranjo de pagamentos por adesão (art. 11, do Regulamento Anexo à Circular Bacen nº 3.682/2013). Com esta alteração, as subcredenciadoras devem aderir aos arranjos de pagamento como participantes e estão sujeitas aos regulamentos dos arranjos de pagamento. De outro lado, não estão sujeitas ao processo de autorização e supervisão do Banco Central.

Ademais, quedou resolvida a questão da participação dos *marketplaces* nos arranjos de pagamento: o *marketplace* não participa do SPB quando i) habilita usuário final recebedor para a aceitação de instrumento de pagamento; ii) não participa do processo de liquidação das transações de pagamento como credor perante o emissor, mas como pagador do usuário final; iii) tem volume total de transação inferior a R$ 500 milhões de reais por ano. A participação das subcredenciadoras na liquidação centralizada é prevista no item 2.3.2.

Também em março de 2018 foi publicado o Edital de Consulta Pública n. 62/2018 com proposta de alteração do Regulamento anexo à Circular nº 3.682, de 4 de novembro de 2013 para estabelecer critérios para conversão de subcredenciadoras em credenciadoras. Pela minuta sugerida, passaria a ser obrigatória a conversão das subcredenciadoras em credenciadoras que excedam R$500 milhões de reais em transações em doze meses. A consulta pública recebeu catorze sugestões até a data final de 21 de maio de 2018, a maioria contrárias à obrigatoriedade de conversão, interpretando-a como uma barreira de entrada pelos altos custos regulatórios e operacionais, assim como aduzindo que a obrigatoriedade fere a liberdade de modelos de negócio. Assim, a classificação das subcredenciadoras como participantes licenciados dos arranjos de pagamento e sujeitos a autorização dependem de definição pelo regulador.

2.3 OUTROS ATORES

Além dos participantes dos arranjos de pagamento, há outros atores de relevância para o funcionamento dos sistemas.

2.3.1 Usuários finais

O usuário final é o tomador de serviços de pagamento que se utiliza de meios de pagamento eletrônicos para pagar ou receber valores de uma transação de pagamento. Nos termos da Resolução Bacen/CMN n. 4.282/2013, usuário final de serviços de pagamento corresponde à "pessoa natural ou jurídica que utiliza um serviço de pagamento, como pagador ou recebedor" (art. 2º, IV), sendo que o pagador é aquele que autoriza a transação de pagamento (art.

2º, I) e recebedor, o destinatário final dos recursos de uma transação de pagamento. O usuário final pagador é, assim, o titular da conta de pagamento e o portador do instrumento de pagamento. Em geral, é um consumidor que utiliza um meio de pagamento eletrônico para pagar por compras e serviços. Pode, no entanto, equivaler a pessoa jurídica que utiliza um meio de pagamento eletrônico, por meio de um representante, para pagar por compras e serviços. Para adquirir um instrumento de pagamento e acessar uma conta de pagamento, o usuário final pagador deve celebrar um contrato com uma instituição financeira ou instituição de pagamento emissora.

Já o usuário final recebedor é a pessoa física ou jurídica que recebe pagamentos eletrônicos por intermédio de uma instituição de pagamento credenciadora. É comum o uso da expressão "estabelecimento comercial" para fazer referência a um usuário final recebedor. No entanto, como anteriormente mencionado, não só estabelecimentos comerciais como também profissionais autônomos, prestadores de serviços, organizações não governamentais, por exemplo, podem ser usuários finais recebedores. Para receber pagamentos eletrônicos, o usuário final recebedor deve firmar um contrato de prestação de serviços com uma instituição financeira ou instituição de pagamento credenciadora ou com um facilitador de pagamento. Além do contrato de credenciamento, o estabelecimento comercial deve firmar um contrato com uma instituição domicílio.

Os usuários finais, pagador e recebedor, são classificados na regulação por dois critérios: atividade e relacionamento. O usuário final ativo é aquele que utilizou nos últimos 90 dias serviço de pagamento, conforme o artigo 2º, VI, do Regulamento Anexo à Circular nº 3.682/2013. A definição de usuário inativo é tida, a contrario sensu, como aquele que não utilizou nos últimos 90 dias serviço de pagamento de um arranjo.

De outro lado, o usuário final de relacionamento eventual é aquele que não possui "conta que seja movimentável por meio de instrumento de pagamento disciplinado pelo arranjo", de acordo com o artigo 9º, IV, do Regulamento Anexo à Circular nº 3.682/2013. É exemplo de relacionamento eventual o Vale Postal Eletrônico Nacional oferecido pelos Correios, "pelo qual é possível efetuar transferências financeiras nacionais entre remetentes e destinatários localizados dentro do território brasileiro" (BANCO CENTRAL DO BRASIL, 2017d, p. 5)[47].

Em oposição ao usuário final de relacionamento eventual, há o usuário final que mantém relacionamento de conta de pagamento pré-paga, conta de pagamento pós-paga e conta de depósito à vista. Essa classificação é aplicada, pois, somente aos usuários finais pagadores, uma vez que a conta de pagamento é de sua titularidade.

2.3.2 Câmaras de liquidação

Para explicar o papel das câmaras de liquidação, é importante esclarecer, primeiramente, o que é liquidação e como ela ocorre. A liquidação é o processo de intercâmbio de recursos entre participantes de um arranjo de pagamento, isto é, é o processo pelo qual os fundos circulam para efetivação do pagamento de uma transação. O processo de liquidação ocorre no âmbito de uma câmara de liquidação e pode ser resumido da seguinte forma:

---

[47] Segundo os Correios, "É o serviço de transferências financeiras nacionais dos Correios, que facilita o envio de dinheiro entre remetentes e destinatários localizados dentro do território brasileiro, de forma rápida, econômica e segura" (EMPRESA BRASILEIRA DE CORREIOS E TELÉGRAFOS, 2017).

Esquema 6– Como funciona o processo de liquidação.

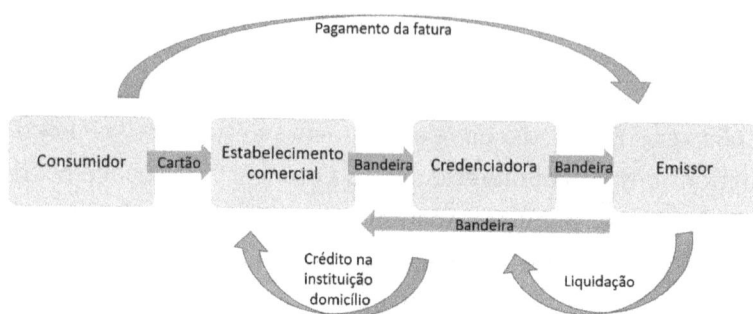

Fonte: Elaboração própria.

Legenda: fluxo de transação em cinza; flechas verdes, fluxo financeiro.

Para que ocorra a liquidação, é necessário que as informações das transações sejam trocadas entre credenciadoras e emissores. Esse processo de troca de informações financeiras ocorre no âmbito de um arranjo de pagamentos pela atuação de seu instituidor. Com tais informações, é feita a compensação, isto é, a apuração (créditos menos débitos) de uma posição (saldo) de liquidação.

Os arquivos de compensação são processados pelo sistema de cada instituidor de arranjo de pagamento, e a liquidação, isto é, a transferência de recursos, se dá no âmbito de uma câmara de compensação e liquidação. As câmaras de compensação e liquidação são, nos termos da Resolução CMN nº 2.882/2001 (art. 2º, parágrafo único, I), as pessoas jurídicas que exercem, em caráter principal, a atividade de serviços de compensação e de liquidação que resultem em movimentações interbancárias e que envolvam pelo menos três participantes diretos para fins de liquidação, dentre instituições financeiras ou demais instituições autorizadas a funcionar pelo Bacen.

De uma maneira geral, a liquidação funciona da seguinte forma:

Esquema 7– Liquidação entre emissor e credenciadora.

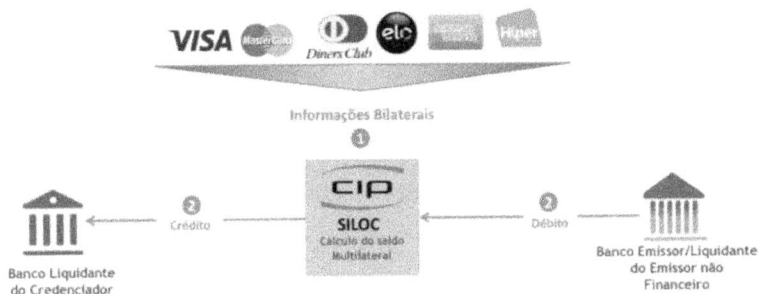

Fonte: Damasceno (2016, p. 13).

Em setembro de 2015 a Circular nº 3.765 alterou o Regulamento Anexo à Circular nº 3.682/2013 para determinar a compensação e a liquidação centralizada nos arranjos de pagamento aberto (art. 25). A Circular nº 3.765 estabeleceu que a compensação e a liquidação devem "ser realizadas de forma centralizada, em sistema de compensação e de liquidação autorizado a funcionar pelo Banco Central do Brasil" (art. 26, I).

A centralização da liquidação proporciona visibilidade sobre as informações de liquidação e, assim, estimula a concorrência ao permitir que os estabelecimentos comerciais escolham as melhoras taxas. Conforme o Relatório de administração do Bacen de 2016, a centralização da compensação e da liquidação tem por objetivo a redução dos custos aos usuários finais recebedores. No entendimento do regulador, como exposto na Agenda de Trabalho de 2016, a centralização da liquidação é uma medida que aumenta a racionalidade e a eficiência na compensação e na liquidação das transações de pagamento ao "fomentar maior competitividade no mercado de prestação de serviços de pagamentos no Brasil, com oferta de melhores serviços a preços compatíveis com um cenário de maior concorrência [e] propiciar o compartilhamento das infraestruturas" (BANCO CENTRAL DO BRASIL, 2016a).

A Circular nº 3.765 vedou que a câmara ou o prestador de serviço de compensação e de liquidação centralizada exerça "atividade que concorra com os serviços de pagamento prestados pelos participantes do arranjo envolvidos na grade de liquidação, ressalvado o caso de arranjo fechado" (art. 26, § 1º). Com isso, a Rede e a Cielo, por exemplo, que até então prestavam serviços de liquidação para arranjos de pagamento abertos, deixaram de prestá-los.

Como mencionado, a compensação e a liquidação devem "ser realizadas de forma centralizada, em sistema de compensação e de liquidação autorizado a funcionar pelo Banco Central do Brasil" (Circular nº 3.765, art. 26, I). Atualmente, a única câmara de compensação e de liquidação de transações eletrônicas de pagamento autorizada a funcionar pelo Bacen é a CIP. É importante ressaltar, pois, que não há vedação legal a que outra câmara de liquidação ofereça os mesmos serviços que aqueles da CIP, desde que cada arranjo de pagamento adote a liquidação centralizada em câmera única e de acordo com as regras contidas na regulação.

A CIP mantém o Sistema de Liquidação Diferida das Transferências Interbancárias de Ordens de Crédito (Siloc), pelo qual realiza a compensação e a liquidação de transações de pagamento feitas no âmbito de arranjos de pagament[48]. As bandeiras Visa, Mastercard, Diners, American Express, Elo, Hiper, Banestes, Sorocred, VerdeCard e GoodCard utilizam o Siloc para compensação e liquidação das transações realizadas no âmbito de seus arranjos de pagamentos (DAMASCENO, 2016).

---

[48] Além de liquidação interbancária de cartões, o Siloc processa documento de ordem de crédito (DOC), boleto de pagamento, transferência especial de crédito (TEC), caixa eletrônico compartilhado e liquidação interbancária dos títulos em cartório pagos na rede bancária (CÂMARA INTERBANCÁRIA DE PAGAMENTOS, 2017b).

O processo de liquidação no âmbito do arranjo de pagamento pode ser ilustrado da seguinte forma:

Esquema 8 – Visão geral da liquidação centralizada.

Fonte: Câmara Interbancária de Pagamentos (DAMASCENO, 2017).

A transação de pagamento inicia quando o consumidor adquire produto ou serviço e o paga com instrumento de pagamento no terminal do estabelecimento comercial. A credenciadora submete transação para aprovação do emissor por meio da rede da bandeira. Uma vez que o emissor[49] autoriza a transação, a aprovação ou a negativa voltam pela rede, da bandeira para a credenciadora. Na sequência, ocorre a troca de arquivos de compensação entre bandeira e emissor e/ou a troca de arquivos de liquidação por meio da rede da bandeira e o pagamento via câmara de liquidação.

A liquidação entre emissor e credenciadora, no âmbito do Siloc, ocorre da seguinte forma, numa visão mais detalhada do passo a passo:

---

[49] No processo de *dual message*, em que são trocados dois arquivos de compensação.

Esquema 9 – Como as transações de cartões de débito e crédito são realizadas no Siloc.

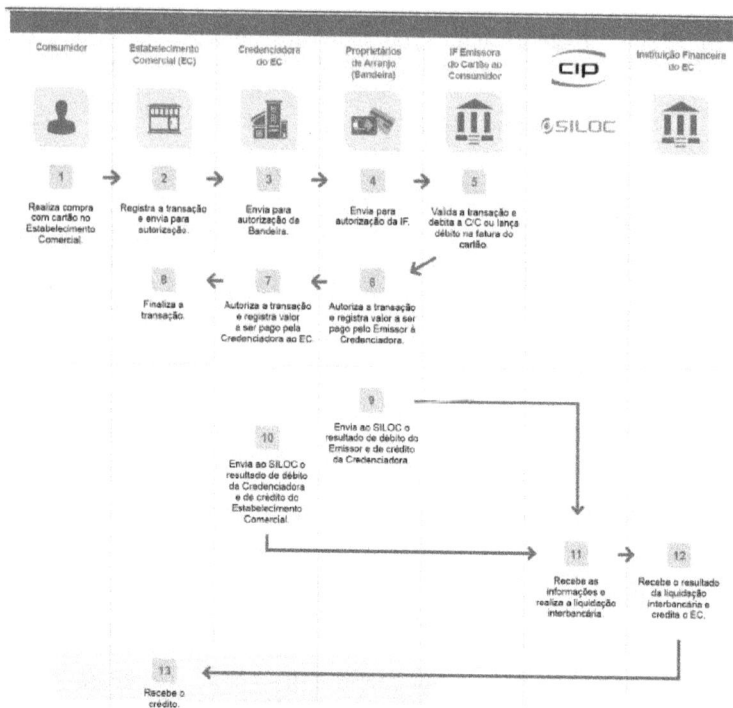

Fonte: Câmara Interbancária de Pagamentos (2014).

Portanto, como consta do esquema 9, depois que o portador do cartão efetua o pagamento de compra ao estabelecimento comercial e essa transação é autorizada, ocorre o processo de liquidação. Por esse processo, a câmara de liquidação debita o emissor e credita a credenciadora. O prazo de liquidação varia de acordo com o arranjo (se doméstico ou transfronteiriço, assim como se pré-pago, crédito ou débito). O prazo de liquidação para o estabelecimento comercial varia entre um dia e 30 dias em geral. Com a regulação, a câmara de liquidação deve passar a efetuar o pagamento diretamente no domicílio bancário do usuário final recebedor.

Em paralelo, em tempo independente do processo de liquidação, o emissor cobra o usuário final pagador. Em se tratando de cartão de débito ou pré-pago, o valor é debitado no ato. Caso seja um cartão de crédito, isto é, um instrumento de pagamento pós-pago, o prazo de pagamento é o da fatura (que costuma ser mensal, dando ao usuário até cerca de 40 dias para o pagamento). A Circular nº 3.765 também estabeleceu que a compensação e a liquidação devem "contemplar, em grade única, as posições de todos os participantes do arranjo envolvidos no fluxo financeiro das transações de pagamento que prestem serviços de pagamento diretamente aos usuários finais da transação. (art. 26, II Redação dada pela Circular no 3.886, de 26/3/2018.). A grade única de liquidação, portanto, é um arquivo de compensação que contém as posições dos participantes, isto é, o resultado entre valores a pagar e a receber. A grade de liquidação deve contemplar valores referentes a adiantamento e concessão de crédito do pagamento de obrigações ao usuário recebedor, ou seja, antecipação de recebíveis ao estabelecimento comercial (art. 26, § 3º). A grade única de liquidação deve conter a identificação da conta bancária ou conta de pagamento do estabelecimento comercial para que o valor a receber seja creditado "diretamente na conta desse usuário os valores devidos em virtude da referida grade de liquidação" (art. 26, § 4º).

Em dezembro de 2016 a Circular nº 3.815 alterou novamente o Regulamento Anexo à Circular nº 3.682/2013 para fixar a data de 4 de setembro de 2017 como termo final para que os instituidores de arranjos de pagamento implantassem a compensação e a liquidação centralizada e a data 5 de março de 2018 para a implementação da grade única de liquidação, sob pena de multa (art. 24-B e 24-D). A Circular nº 3.843/2017, por sua vez, prorrogou tal prazo para 30 de outubro de 2017 para "instituidores de arranjo, emissores e credenciadoras de instrumento de pagamento, além das instituições financeiras que atuam como instituição domicílio". Já a Circular nº 3.842/2017 estabeleceu o prazo de 28 de setembro de 2018 para "demais participantes pelos quais transita o fluxo financeiro proveniente dos recebimentos das transações de pagamento" (art. 24B, II).

Em 26 de março de 2018 foi publicada a Circular n. 3.886, que altera o Regulamento Anexo à Circular n. 3.682, a fim de incluir o parágrafo 50 ao art. 26 e, assim, prever a participação na liquidação centralizada das subcredenciadoras. Esta participação é obrigatória quando a subcredenciadora cujo valor total das transações, acumulado nos últimos doze meses, seja igual ou superior a 500 milhões de reais. É obrigatória, ainda, quando a subcredenciadora recebe os fluxos referentes às transações nos arranjos de pagamento sujeitos à liquidação centralizada e é facultativa quando for pagadora aos usuários finais recebedores dos fluxos referentes às transações nos arranjos de pagamento sujeitos à liquidação centralizada. Quando facultativa a participação na liquidação centralizada, cabe ao instituidor do arranjo de pagamentos estabelecer mecanismos para que as subcredenciadoras que optarem por não participar voluntariamente da liquidação centralizada acompanhem a evolução da métrica indicada e, ao verificarem a superação do limite (parágrafo 70 do art. 26).

No item anterior, foi examinado o enquadramento dos *marketplaces* na regulação. Com esse enquadramento, o Bacen determinou que os *marketplaces* também passem a liquidar o pagamento aos seus substabelecimentos por meio da liquidação centralizada quando no papel de recebedor dos fluxos referentes às transações e se superarem o limite anual de 500 milhões de reais.

O objetivo do Bacen, com a liquidação centralizada, é o uso compartilhado de infraestrutura para a redução dos custos aos usuários finais recebedores. Ao incluir todo o sistema de pagamentos na liquidação centralizada, até o recebimento pelo usuário final recebedor, o Bacen objetiva mitigar o risco de falha no pagamento.

2.3.3 Agentes de liquidação e transferência

Os agentes de liquidação são, segundo a definição trazida pela Resolução CMN nº 2.882/2001 (art. 2º, parágrafo único, III), participantes diretos que assumem a posição de parte contratante para fins de liquidação, no âmbito do sistema integrante do sistema de pagamentos, perante a câmara ou o prestador de serviços de compensação ou outro participante direto. Correspondem, portanto, a instituições participantes de uma câmara de liquidação que realizem o processamento das posições líquidas (e a sua liquidação, quando aplicável) de um participante de um arranjo de pagamento, a pedido dele e segundo autorização do instituidor do arranjo de pagamento.

As instituições não financeiras, a exemplo das *fintechs*, utilizam-se de agentes de liquidação para proceder à liquidação perante câmaras de liquidação. Da mesma forma, o participante de um arranjo de pagamento que não tenha acesso a sistemas de liquidação poderá utilizar os serviços de um banco liquidante para processar atividades diárias de liquidação.

2.3.4 Agentes de garantia

De acordo com o artigo 4º da Lei nº 10.214/2011, os agentes de garantia fornecem mecanismos e salvaguardas que permitem às câmaras e aos prestadores de serviços de compensação e de liquidação assegurar a certeza da liquidação das operações neles compensadas e liquidadas, como contratos e garantias aportadas pelos participantes.

Tais agentes, contratados por participantes de sistemas de liquidação, emitem garantias perante a câmara de liquidação para assegurar que a posição líquida será honrada em nome do participante, caso este venha a falhar na liquidação. As garantias no contexto da rede de contratos são tratadas no item deste capítulo sobre contratos de garantia.

2.4 REDE CONTRATUAL

Como demonstrado, os arranjos de pagamento funcionam com a atuação conjunta de diversos atores: os instituidores de arranjos de pagamento, os participantes e os demais atores. Entre todos esses atores, é estabelecida uma rede de contratos que distribui as atividades e os riscos dos serviços relacionados aos meios de pagamentos.

A rede de contratos se consubstancia no entrelaçamento de obrigações entre seus participantes; as performances dos participantes dos arranjos de pagamento, assim como dos demais atores que as compõem, foram elencadas ao longo deste capítulo 2. Estas performances, assim como descreve a teoria, são obrigações entrelaçadas de seus participantes em forma de rede contratual. A rede de contratos é, portanto, caracterizada pela troca de obrigações entre os participantes da mesma rede, como ocorre nas redes de pagamento.

Outro aspecto característico da rede de contratos é a interdependência entre as obrigações e a persecução de um objetivo comum: "Certamente, nem todos os contratos vinculados constituem uma rede de contratos. O nível de interdependência entre os contratos individuais deve ser elevado e o escopo geral deve ser unitário. O vínculo entre os contratos é fundamental para perseguir um objetivo comum! (CAFAGGI, 2011. p. 71-72, tradução livre)[50].

Os múltiplos contratos estabelecidos entre os atores no contexto de um arranjo de pagamentos formam, pois, uma rede de contratos, pois há interdependência de obrigações e persecução de um objetivo comum. Além de almejar a realização de objetivos comuns, os contratos em rede podem reduzir custos e mitigar riscos (CAFAGGI, 2011, p. 84-85, tradução livre)[51].

Nesse sentido, a qualificação do que se entende por contrato em rede casa perfeitamente com a descrição daquilo que é o sistema de pagamentos eletrônicos. Como visto no primeiro capítulo, as redes de pagamento com cartões nasceram justamente com tais características.

Essa rede de contratos pode ser demonstrada da seguinte forma (ainda que outros tipos de conexão sejam possíveis):

Esquema 10 – Rede de contratos nos arranjos de pagamento.

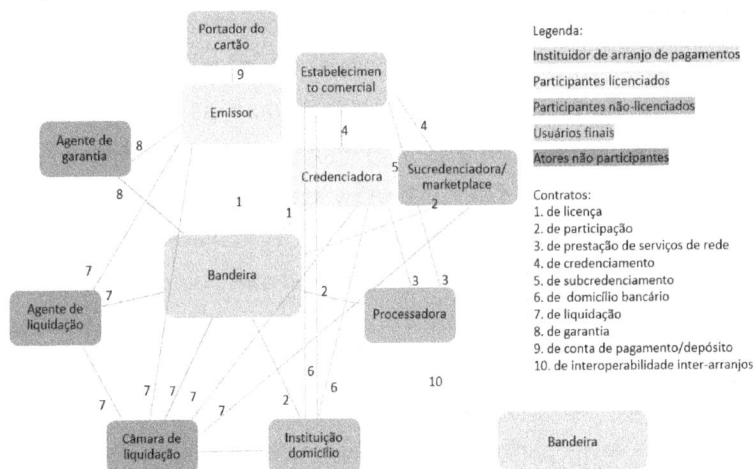

Fonte: elaboração própria.

Antes de adentrar na análise da rede de contratos, é importante referir como se dá a remuneração dos atores de um arranjo de

[50] No original em inglês: "Certainly not all linked contracts constitute a network of contracts. The level of interdependency among the individual contracts must be high and overall scope must be unitary. The link among the contracts is instrumental to pursue a common objective".

[51] No original em inglês: "Multilateral contracts are mainly used to combine input and output complementarity. They can be used in research and development contracts when (1) multiple contributions are necessary to generate a new product or process, (2) it is more efficient to share risks associated with the uncertainty of the final outcome and to manage it within a common framework than to fragment it into several bilateral contracts, and (3) coordination costs due to performances' interdependence are high".

pagamento, de uma forma abrangente. No mercado de quatro partes, a remuneração entre o instituidor do arranjo de pagamento e as instituições de pagamento é baseada em tarifa de intercâmbio, taxa de desconto, anuidade e tarifas da bandeira.

A taxa de intercâmbio é uma tarifa estabelecida pelo instituidor do arranjo de pagamento e distribuída entre este e as instituições de pagamento de emissão e de credenciamento envolvidas em uma transação de pagamento. A taxa de intercâmbio é recolhida e distribuída pelas credenciadoras. Essa taxa pode variar de acordo com a modalidade do arranjo de pagamento e, mesmo, do segmento do cartão (individual ou corporativo, padrão ou premium, etc.), como aponta o Bacen: "As tarifas de intercâmbio dos esquemas de cartão de crédito existentes nos modelos de quatro partes partem de uma tarifa básica que é diferenciada em função do tipo de produto, da forma de captura, do número de parcelas e do segmento de mercado do estabelecimento" (BANCO CENTRAL DO BRASIL et al., 2010, p. 7).

Em 26 de março de 2018 foi publicada a Circular n. 3.887, a qual fixa limites máximos para a tarifa de intercâmbio nos arranjos de pagamento classificados como doméstico, de compra e de conta de depósito à vista, excluídas transações não presenciais e cartões corporativos – ou seja, débito nacional, presencial, de pessoa física – aplicáveis a partir de 1o e outubro de 2018, quais sejam: de 0,5% para a média da tarifa de intercâmbio, ponderada pelo valor das transações, e de 0,8% como valor máximo a ser aplicado em qualquer transação. A alteração certamente implicará redução significativa da taxa de intercâmbio das transações de débito, que em alguns casos excedem 1%.

A taxa de desconto, de outro lado, é a taxa cobrada pela credenciadora sobre o estabelecimento comercial. É descontada no repasse do pagamento feito pela credenciadora ao usuário final recebedor. A taxa de desconto varia segundo o segmento de atuação do estabelecimento comercial, assim como pode variar de acordo com os serviços prestados pela credenciadora. A taxa de desconto é, como aponta o Bacen, "inversamente proporcional ao porte do estabelecimento (quanto maior o porte do estabelecimento, menor a taxa de desconto que lhe é aplicável)" (BANCO CENTRAL DO BRASIL et al., 2010, p. 107).

A anuidade, ou tarifa ao portador, pode ser cobrada pela instituição de pagamento emissora pelos serviços de emissão do instrumento de pagamento e gestão da conta de pagamento. Outra forma de cobrança de tarifa ao portador é a tarifa por transação. Em alguns casos, os emissores deixam de cobrar tarifas ao portador, o que é possível se consideradas as receitas da taxa de intercâmbio recebidas pelo emissor.

Por fim, o instituidor de arranjos de pagamento poderá, também, cobrar tarifas de seus licenciados pelos serviços que vier a prestar. A cobrança de tarifas pelos instituidores de arranjos de pagamento deve estar prevista no seu respectivo regulamento do arranjo de pagamento.

Consideradas essas tarifas, é possível ilustrar o fluxo de remuneração nos arranjos de pagamento da seguinte forma:

Esquema 11 – Remuneração no modelo de quatro partes.

Fonte: Banco Central do Brasil et al (2010, p. 23).

Concluída a análise dos arranjos de pagamentos, dos seus participantes e da forma de remuneração, fica claro por que o mercado dos meios de pagamento eletrônicos é chamado de "mercado de dois lados". O mercado de dois lados é aquele em que o interesse e a utilidade de um lado do mercado variam de acordo com o interesse e a utilidade do outro lado do mercado. Ou seja: quanto mais portadores de cartões uma bandeira tiver, mais estabelecimentos comerciais vão querer aceitar essa bandeira e vice-versa. Evans e Schmalensee, ao escrever sobre o mercado de dois lados, dizem que "são necessários dois para dançar tango" (EVANS; SCHMA-LENSEE, 2005, p. 133): "Assim como você não pode dançar o tango sem um parceiro, um cartão de pagamento precisa tanto de consumidores como de comerciantes. Isso é o que os economistas chamam de mercado de plataformas de 'dois lados'" (EVANS; SCHMALENSEE, 2005, p. 3, tradução livre)[52].

Os mercados de dois lados são uma espécie dos mercados multifacetados. Outros exemplos de mercados multifacetados são: *shopping centers*, portais de internet, bolsas de valores e jornais. Esses mercados, segundo Evans e Schmalensee, são caracterizados por três elementos: um intermediário, grupos distintos de clientes e benefícios que conectem esses clientes (EVANS; SCHMALENSEE, 2005, p. 135)[53]. A importância de classificar o mercado de meios de pagamentos eletrônicos como um mercado multifacetado, de dois lados especificamente, reside na explicação para a dinâmica de fixação de preços e de definição de modelo de negócios, por exemplo.

Nessa linha, o Bacen havia, antes da regulação, expressado seu entendimento de que a tarifa de intercâmbio é um mecanismo efi-

---

[52] No original em inglês: "That brings us to a fundamental feature of payment cards. Just as you cannot dance the tango without a partner, a payment card needs both consumers and merchants. This is what economists call a 'two-sided' platform market".
[53] No original em inglês: "1. There must be two or more distinct groups of customers. 2. There must be some benefit from connecting or coordinating members of distinct groups. 3. An intermediary can make each group better off through coordinating its demands".

ciente para o equilíbrio do mercado de pagamentos eletrônicos: "As tarifas de intercâmbio podem ser consideradas mecanismos para ajustar os dois mercados em determinado ponto de equilíbrio, devendo seu cálculo refletir o resultado mais eficiente da distribuição de custos e receitas de ambos os lados" (BANCO CENTRAL DO BRASIL, 2005, p. 109).

Os mercados de dois lados apresentam especial relevância para a análise de direito concorrencial, especialmente sob as externalidades de rede, como ensina Caio Mário da Silva Pereira Neto, eis que "apresentam uma característica bastante peculiar à existência de um feedback positivo de demanda [...] (i.e., quanto mais usuários participam de uma mesma rede, maior tende a ser a utilidade desta)" (PEREIRA NETO; PRADO FILHO, 2008, p. 113).

Os efeitos de rede podem se manifestar como externalidades diretas ou indiretas. As externalidades diretas, ou de um mesmo lado, ocorrem dentro de um mesmo grupo, enquanto as externalidades indiretas ocorrem quando os efeitos atingem outro grupo (ALSTYNE et al, 2007, p.2). Devido à conformação dos sistemas de pagamentos em complexas redes de interação com múltiplos atores, as externalidades negativas são características dos sistemas de pagamento. As externalidades indiretas, ao seu turno, são fortemente representadas das implicações concorrenciais nas redes; aqui, em especial, quanto ao efeito concorrencial da interoperabilidade nos meios de pagamento.

O Bacen manifestou sua preocupação com os efeitos das externalidades de rede no mercado de pagamentos eletrônicos:

A existência de externalidades de rede tende a aumentar a concentração e o tamanho da rede. Plataformas com mais participantes dos dois lados tendem a ter mais valor para os consumidores do que plataformas menores. No entanto, as externalidades de rede tendem a decrescer com o aumento do tamanho da rede, podendo inclusive gerar congestionamento. Apesar de as externalidades de rede se tornarem cada vez menos importantes em plataformas maduras, a sua existência continua sendo fundamental. (BANCO CENTRAL DO BRASIL et al., 2010, p. 20).

É seguro afirmar que a preocupação com a externalidade de rede, característica do mercado de duas partes, foi um dos fatores impulsionadores da regulação, uma vez que a regulação tem por objetivo garantir a segurança e a eficácia dos meios de pagamento eletrônicos.

Uma vez compreendida a forma como ocorre a remuneração no contexto dos arranjos de pagamento, é possível partir para o estudo dos diversos contratos que compõem a rede de contratos nos meios de pagamento eletrônicos. A análise contratual é feita por amostragem, com amostras aleatórias, e com o objetivo de entender a distribuição de riscos e de responsabilidades na rede contratual.

2.4.1 Contratos de participação

2.4.1.1 Contrato de licença

O contrato de licença ou de licenciamento é aquele pelo qual o instituidor do arranjo de pagamento autoriza o uso de sua marca — isto é, da bandeira — e de sua rede de tecnologia por seus licenciados. Os licenciados, por sua vez, correspondem às instituições financeiras e às instituições de pagamento, de emissão e de credenciamento, que participam de um arranjo de pagamento.

A concessão de licença por uma bandeira deve atender aos critérios de participação constantes do regulamento do arranjo de pagamento. O regulamento dos arranjos de pagamento é um documento que consolida as regras e os procedimentos de um arranjo, os quais devem ser conformes à regulação do Banco Central. Como mencionado anteriormente, a definição de regras e procedimentos padrão a todos os licenciados ensejou a criação das associações de bancos que precederam as bandeiras Visa e Mastercard[54]. Logo, estas e as demais bandeiras já possuíam documentos chamados Regras (MASTERCARD INC, 2017b; VISA INC, 2017), ambos documentos de centenas de páginas que regem o funcionamento de cada bandeira.

O contrato de licenciamento é o instrumento pelo qual aderem a um arranjo de pagamento e, assim, também ao seu regulamento. O contrato de licenciamento, também chamado de "licença" ou "contrato de participação", deve identificar as modalidades de participação (elencadas no item 2.2) quando for concedida para instituição de pagamento e instituição financeira, conforme artigo 13, parágrafo primeiro, da Circular 3.682 do Bacen. Os contratos de participação devem ser mantidos atualizados e devem estar à disposição do Bacen, conforme artigo 13, § 2º, da Circular 3.682 do Bacen.

É vedado ao instituidor de arranjo vincular a prática de determinada atividade a outra, como condicionar a licença de adquirência à de emissão. O Banco Central apontou, em 2012, o condicionamento da concessão de licença de credenciadora para bancos que emitissem cartões como uma prática justificada, mas a ser acompanhada (BANCO CENTRAL DO BRASIL et al., 2010, p. 47).

Já em 2013, com a regulação — mais especificamente, com o artigo 14 do Regulamento Anexo à Circular Bacen nº 3.682/2013 —, foi vedado ao instituidor de arranjos de pagamento vincular a prática de determinada atividade a outra. Portanto, como mencionado no capítulo 1, a partir da regulação, passaram a ser

[54] As bandeiras Visa e Mastercard são utilizadas como exemplo ao longo deste trabalho dadas a relevância dessas marcas e de seus sistemas no desenvolvimento dos meios de pagamento eletrônicos e sua liderança de mercado.

emitidas licenças para as instituições de pagamento para atuação nas atividades de emissão e credenciamento de forma independente, demonstrando a aplicação do princípio da não discriminação.

2.4.1.2 Contratos de prestação de serviços de rede

Os prestadores de serviços de rede, como visto no item 2.3 do segundo capítulo realizam a captura e o roteamento de transações de pagamento.

Em todo caso, perante os usuários finais e o instituidor do arranjo de pagamento, o tomador dos serviços de rede — isto é, o emissor ou a credenciadora — será o responsável pelos serviços.

2.4.1.3 Contratos de domicílio bancário

O contrato de domicílio bancário é aquele pelo qual o usuário final recebedor define a sua instituição domicílio, que, por sua vez, é a "instituição financeira ou de pagamento, participante do arranjo de pagamento, detentora de conta de depósitos à vista ou de pagamento de escolha do usuário final recebedor para crédito ordinário de seus recebimentos autorizados no âmbito do arranjo de pagamento", conforme artigo 2°, VII, do Regulamento Anexo à Circular Bacen n. 3.682/2013.

Portanto, poderá existir um contrato de participação da instituição domicílio com o instituidor do arranjo de pagamento, geralmente como contrato de adesão. Como a participação das instituições domicílio se dá por adesão, e não por licenciamento, são também chamadas de "participantes não licenciados". Com o advento da regulação, os instituidores de pagamento tiveram que estabelecer contratos com todas as instituições domicílio, ainda que estas não sejam participantes de seus arranjos como emissoras ou credenciadoras.

De outro lado, haverá sempre um contrato entre o usuário final recebedor e a instituição financeira ou de pagamento por ele escolhida para recebimento dos valores relativos aos pagamentos eletrônicos. Atrelado a tal contrato, poderão ser estabelecidos outros contratos financeiros, como de antecipação de recebíveis ou cessão de créditos. Eventuais contratos nesse sentido orbitam no arranjo de pagamentos, mas não são objeto de suas regras.

2.4.1.4 Contratos de facilitadores de pagamento

Além dos contratos de licença com as instituições emissoras e credenciadoras e de eventual contrato com instituições domicílio, os arranjos poderão firmar contratos de participação com facilitadores de pagamento.

Como visto no item 2.2.5, há disputa quanto ao adequado enquadramento dos facilitadores de pagamento, uma vez que podem ser tidos como subcredenciadoras, emissores de instrumentos pré-pagos ou instituidores de arranjo de pagamento de transferência. Como visto, o facilitador de pagamentos, ou subcredenciadoras, pode atuar sob a licença das credenciadoras como um prestador de serviços delas. Outra forma de atuação é mediante licença de participação concedida diretamente pelo instituidor do arranjo de pagamento. Em ambas as situações, o facilitador de pagamentos deverá aderir a um arranjo de pagamento mediante contratação — seja por contrato de participação como licenciado, seja como não licenciado.

A Visa disponibilizou em seu site o Contrato de participação da Visa do Brasil facilitadores de pagamentos, pelo qual o facilitador de pagamentos adere aos arranjos de pagamento instituídos pela

Visa e se compromete a seguir a regras estabelecidas pela Visa para prestar serviços de pagamento no âmbito de tais arranjos de pagamento (VISA DO BRASIL EMPREENDIMENTOS LTDA, 2017). A Mastercard, de outro lado, não publicou até o momento o modelo de seu contrato de participação para facilitadores. Há notícia, no entanto, de que formalizará contratos de participação como membros não licenciados aos facilitadores de pagamento que aderirem aos seus arranjos de pagamento (SAMOR, 2017).

De outro lado, aqueles facilitadores de pagamento que se identificam como instituidores de arranjos de pagamento de transferência buscam instituir acordos de interoperabilidade com outros arranjos de pagamento. Os contratos de interoperabilidade entre arranjos de pagamento são oportunamente abordados.

2.4.2 Contratos de liquidação e garantia

2.4.2.1 Contratos de liquidação

Como abordado no item 3.3 do segundo capítulo, o regulador determinou a liquidação centralizada e vedou a cumulação com atividade de credenciadora, resultando que, atualmente, a única câmara de liquidação é a CIP, pelo sistema Siloc. Por essa razão, é aqui analisado apenas o contrato de liquidação da CIP, denominado Contrato de prestação de serviços – Sistema de liquidação diferida das transferências interbancárias e ordens de crédito – SILOC. Esse contrato tem por objeto a prestação de serviços de liquidação pela CIP no Siloc para a instituição financeira participante ou para a instituição financeira indicada pelo participante segundo o Regulamento Siloc. Ao aderir a tal contrato, o participante se compromete a "proceder à transferência tempestiva de disponibilidades mantidas em Reservas bancárias ou em Conta de Liquidação, para a liquidação dos valores" (CÂMARA INTERBANCÁRIA DE PAGAMENTOS, 2017a).

2.4.2.2 Contratos de garantia

Pelo exposto no primeiro capítulo, no item sobre o processo de liquidação das transações entre os participantes de um arranjo de pagamentos, o emissor deve pagar à credenciadora para que esta, por sua vez, pague os usuários finais recebedores. Ainda, como visto no capítulo 1 sobre arranjos garantidos e não garantidos, para endereçar o risco de não pagamento pelo emissor são estabelecidos contratos de garantia do emissor para com a bandeira, assim como da bandeira para com as credenciadoras.

O valor geralmente é calculado tendo por base o histórico de relacionamento do emissor, a sua avaliação de crédito e o volume de transações. Cabe ao instituidor do arranjo definir os mecanismos de contenção de falha entre participantes, assim como fixar critérios de fixação da garantia (art. 27 do Regulamento Anexo à Circular Bacen nº 3.682/2013). Por esses contratos de garantia, caso um emissor venha a falhar na liquidação das transações, a credenciadora e/ou a bandeira executarão a garantia, a fim de assegurar que o usuário final recebedor possa, de fato, receber o pagamento.

Por fim, vale mencionar que, dada a natureza recente da diferenciação entre arranjos garantidos e não garantidos, ainda não há um consenso sobre a necessidade de outorga de garantias por outros participantes de arranjos de pagamento. Ou seja, como mencionado anteriormente, emissores têm tradicionalmente oferecido garantias ao sistema, mas, considerando as novas regras do Bacen, isso também poderia ser efetuado por credenciadoras participantes (a fim de garantir a liquidação com o usuário final).

2.4.3 Contratos com os usuários finais

Como abordado no item 3.1 do segundo capítulo, o usuário final é o tomador de serviços de pagamento que utiliza de meios de pagamentos eletrônicos para pagar ou receber valores de uma transação de pagamento. Correspondem, como visto, aos portadores de cartões que efetuam pagamentos eletrônicos e, também, aos estabelecimentos comerciais que recebem pagamentos eletrônicos por meio de arranjos de pagamentos. São abordados a seguir os contratos com cada tipo de usuário final de modo separado.

2.4.3.1 Contratos com portadores de cartões

Os contratos com os portadores de cartões são, em regra, contratos de adesão firmados entre os portadores e os emissores de cartões. Como visto no item 3.3 do capítulo 1, os arranjos de pagamento são classificados, quanto ao relacionamento do usuário final pagador com o emissor, em arranjos pré-pagos, pós-pagos (crédito), conta de depósito à vista (débito) ou relacionamento eventual. Significa dizer que o relacionamento que o portador do cartão estabelece com o emissor no âmbito do arranjo pode se dar sobre a prestação de serviços como o de cartões de crédito, débito e pré-pago, além do relacionamento eventual.

São ora abordadas, em linhas gerais, as principais características dos contratos de prestação de serviços como de cartões de crédito, débito e pré-pago. Pela Resolução nº 3.694, o Bacen disciplinou, entre outros, as obrigações das instituições financeiras e das instituições de pagamento na contratação de operações e na prestação de serviços. Dentre tais obrigações, estão a de formalizar título adequado com os direitos e as obrigações para abertura, utilização e manutenção de conta de pagamento pós-paga (art.

1º, VII) e a de prestar "informações necessárias à livre escolha e à tomada de decisões por parte de clientes e usuários, explicitando, inclusive, direitos e deveres, responsabilidades, custos ou ônus, penalidades e eventuais riscos existentes na execução de operações e na prestação de serviços" (art. 1º, III).

Para tanto, devem também ser fornecidos, quando da abertura de conta de depósitos ou de conta de pagamento, o prospecto de informações essenciais (art. 1º, parágrafo único). O prospecto de informações essenciais deve, segundo a resolução, explicitar: "as regras básicas, os riscos existentes, os procedimentos para contratação e para rescisão, as medidas de segurança, inclusive em caso de perda, furto ou roubo de credenciais, e a periodicidade e forma de atualização pelo cliente de seus dados cadastrais".

No que tange aos contratos de cartão de crédito, a Abecs emitiu o Normativo nº 005, em vigor desde 5 de novembro de 2010 e alterado em 18 de setembro de 2015. O normativo da Abecs autorregula o prospecto de informações essenciais e o contrato de adesão aos serviços relativos às contas de pagamento pós-pagas. Ao definir as informações essenciais que devem constar do prospecto, o normativo as define como "informações e explicações adequadas às necessidades do Consumidor e os riscos existentes na execução das operações relacionadas ao produto ou serviço a ser adquirido".

O normativo elenca, ainda, alguns elementos tidos como essenciais e que, portanto, devem constar do prospecto, dentre os quais se destacam: regras e condições básicas de utilização da conta de pagamento pós-paga; principais direitos e obrigações assumidas pelo usuário, especialmente sobre limite de crédito, crédito rotativo e pagamento da fatura após a data de vencimento; informações sobre encargos contratuais aplicáveis, tarifas, multas e impostos; procedimentos de autorização de transações e medidas de segurança (ASSOCIAÇÃO BRASILEIRA DAS EMPRESAS DE CARTÕES DE CRÉDITO E SERVIÇOS, 2015, p. 3).

A título de exemplo e por amostragem, são trazidos aqui alguns contratos de adesão de emissores com portadores de cartão.

Quanto ao cartão de crédito, o contrato Cartão de crédito Santander pessoa física, do Banco Santander, por exemplo, traz como principais elementos a concessão de limite de crédito, a utilização de dados do portador do cartão pelo banco, a utilização por senha, o bloqueio em caso de atraso no pagamento, a cobrança de tarifas etc. (BANCO SANTANDER (BRASIL), 2017).

Já a respeito do cartão de débito, o exemplo é o Contrato de emissão e utilização do cartão de débito Sicredi, da cooperativa de crédito Sicredi. Tal contrato estabelece os direitos e as obrigações do portador de cartão para transações de saque na conta corrente, compras à vista, pagamentos, depósitos, consultas de saldos, solicitação de extratos e pagamentos no exterior (SICREDI, 2017).

Há, ainda, o contrato de cartão pré-pago, aqui exemplificado pelo Contrato de cartão pré-pago recarregável do Banco Itaú (BANCO ITAÚ SA, 2017). Entre as principais disposições, destacam-se as relativas a consumo do saldo por pré-autorizações (como reserva de hotel), a recargas de saldo e a tarifas.

Nota-se, portanto, que os aspectos relativos à prestação de serviços financeiros ao portador do cartão são disciplinados no contrato firmado com o emissor, uma vez que é essa a figura responsável pela prestação desses serviços ao portador do cartão.

Por fim, quanto ao contrato de relacionamento eventual, a contratação se dá por adesão do usuário aos termos e às condições gerais do serviço. A título de exemplo, o Vale Postal Eletrônico Nacional, dos Correios, é contratado presencialmente nas agências dos Correios, mediante identificação do pagador e do recebedor dos valores.

2.4.3.2 Contrato de credenciamento

O contrato de credenciamento é aquele firmado entre credenciadoras e estabelecimentos comerciais para a prestação de serviços de captura, roteamento, transmissão, processamento e liquidação de transações de pagamento eletrônicas (o conjunto desses serviços também é chamado de "adquirência"). Para a prestação de tais serviços, a credenciadora poderá, também, prestar serviços de venda ou aluguel de terminais de aceitação e manutenção de tais terminais. É importante destacar que as atividades de credenciamento independem do fornecimento de equipamentos de aceitação[55], uma vez que a adquirência pode ocorrer de forma não presente, a exemplo das transações de e-commerce e m-commerce, ou por meio da rede de captura oferecida por prestadores de serviços de rede, os quais não são, necessariamente, credenciadoras.

As obrigações básicas do estabelecimento comercial para a aceitação da transação são previstas no contrato de credenciamento — por exemplo, verificar a identidade do portador do cartão e os dados do cartão. A título de exemplo e por amostragem, são aqui estudados os contratos de credenciamento de duas credenciadoras: o *Contrato de credenciamento ao sistema Cielo e o Contrato de credenciamento e adesão de estabelecimentos ao sistema Rede.*

Os contratos de credenciamento endereçam, também, os direitos e as obrigações quanto a prevenção de fraudes. No que diz respeito a fraudes, as credenciadoras geralmente estabelecem em seus contratos obrigações de prevenção e penalidades caso o número transações suspeitas ou irregulares seja excessivo. Além disso, as

---

[55] Segundo definição no Contrato de credenciamento ao sistema Cielo, por exemplo, terminal significa "Equipamento e/ou software de processamento de informações (POS, PDV, PIN Pad ou equipamento com tecnologia semelhante), que se conecta à rede do SISTEMA CIELO e que realiza a captura de TRANSAÇÕES, emite COMPROVANTES DE VENDA e RESUMO DE OPERAÇÕES, entre outras funções" (CIELO, 2017).

credenciadoras também estipulam as obrigações relativas a contestação de transações (também chamadas de "chargeback"), que corresponde à disputa, pelo emissor ou pelo portador de um cartão, com relação a uma transação. Pelo contrato de credenciamento, o estabelecimento comercial também autoriza que a instituição domicílio efetue lançamentos a débito e crédito na sua conta.

Um dos principais aspectos do contrato de credenciamento é a definição quanto à garantia de pagamento ao usuário final recebedor. No contrato de credenciamento da Rede, um dos objetos é "a administração, garantia e/ou efetivação da liquidação financeira ao ESTABELECIMENTO do VALOR LÍQUIDO das TRANSAÇÕES, desde que cumpridos os termos e condições deste CONTRATO" (REDE, 2017). Portanto, a Rede garante a liquidação ao estabelecimento comercial. Já a Cielo estabelece que fará o repasse ao estabelecimento comercial dos valores recebidos do emissor; logo, se o emissor não efetuar o pagamento, o estabelecimento comercial não receberá o pagamento.

2.4.4 Contratos de interoperabilidade

O conceito de interoperabilidade e as formas de interoperabilidade intra-arranjos e inter-arranjos são abordados no capítulo 3 deste trabalho.

Por ora, quanto aos contratos de interoperabilidade, o que importa indicar é que, para a interoperabilidade entre arranjos de pagamento, os instituidores de tais arranjos deverão estabelecer acordos que prevejam os direitos e as obrigações de cada um deles (art. 4, § 4º, parágrafo único, do Regulamento Anexo à Circular Bacen nº 3.682/2013). A formalização de contrato com os termos do acordo de interoperabilidade é obrigatória, nos termos do artigo 29, I, do Regulamento Anexo à Circular Bacen nº 3.682/2013[56].

No acordo para interoperabilidade entre instituidores de arranjo de pagamento devem ser estabelecidas as regras e os procedimentos para transações entre esses arranjos. Tais acordos devem seguir os princípios da regulação, observar as responsabilidades atribuídas aos arranjos de pagamento pela regulação e ser não discriminatórios (art. 30 do Regulamento Anexo à Circular Bacen nº 3.682/2013). Os contratos devem, ainda, estabelecer que os deveres e os direitos de cada instituidor e de seus participantes devem ser compatíveis com as responsabilidades atribuídas aos arranjos de pagamento pela legislação e garantir a troca das informações necessárias ao cumprimento da lei e da regulação. É expressamente proibida a "exigência de participação de uma instituição financeira ou instituição de pagamento em determinado arranjo de pagamento como única forma de interoperabilidade com outro arranjo de pagamento do qual essa instituição faça parte ou que tenha sido por ela instituído", nos termos do § 3º do artigo 30 do Regulamento Anexo à Circular Bacen nº 3.682/2013.

Já se a interoperabilidade ocorrer entre arranjos de pagamento de um mesmo instituidor, estará dispensada a formalização de contrato, contanto que as regras e os procedimentos de interoperabilidade sejam formalizados em documentação apropriada e mantida à disposição do Bacen (art. 29, § 1º e § 2º, do Regulamento Anexo à Circular Bacen nº 3.682/2013). Os acordos de interoperabilidade inter-arranjos devem endereçar tópicos específicos relativos à interoperabilidade em questão — por exemplo, a extensão ou não de benefícios e garantias de um arranjo de pagamentos aos participantes e aos usuários finais do outro arranjo.

[56] Em 26 de março de 2018 foi publicada a Circular n. 3.886, que altera a Circular n. 3.682, que acrescentou ao art. 40 do Regulamento Anexo à Circular 3.682 o item VII, a fim de determinar que o instituidor de arranjo deve estabelecer procedimentos que contemplem a "interoperabilidade com outros arranjos de pagamento, quando aplicável, incluindo a previsão de transferência de recursos para outros arranjos de pagamento" (grifo da autora). Com isto, o regulador busca aperfeiçoar a redação de modo que o arranjo e pagamentos somente estabeleça procedimentos de interoperabilidade com outros arranjos se for compatível com o seu modelo de negócio.

Caso a interoperabilidade ocorra entre um arranjo integrante do SPB e outro não integrante, o instituidor do arranjo integrante do SPB deverá garantir que o arranjo não integrante cumpra com as obrigações de gerenciamento de riscos, aspectos operacionais mínimos, fornecimento de informações e de instruções e acompanhamento de fraudes (art. 4º do Regulamento Anexo à Circular Bacen nº 3.682/2013).

Quando a interoperabilidade ocorrer entre participantes de um mesmo arranjo de pagamentos, seguirá as definições previstas no regulamento de tal arranjo, conforme as seguintes diretrizes: atribuir iguais direitos e deveres a todos os participantes que prestam uma mesma atividade no âmbito do arranjo; contemplar todas as relações existentes entre as diferentes modalidades de participação tratadas pelo arranjo; vedar a estipulação, por participantes, de tratamento diferenciado — seja ele mais vantajoso, seja mais desvantajoso — a outros participantes do arranjo e o estabelecimento, entre participantes, de outras formas de tarifa ou remuneração que não as expressamente previstas no regulamento do arranjo (art. 29 do Regulamento Anexo à Circular Bacen nº 3.682/2013).

De outro lado, para a interoperabilidade entre os participantes do arranjo, as respectivas regras e os procedimentos não são estabelecidos em um contrato, mas no regulamento do arranjo de pagamento (art. 29 do Regulamento Anexo à Circular Bacen nº 3.682/2013). Tais regras e procedimentos não podem atribuir qualquer forma de discriminação de participantes e devem, segundo o artigo 29 do Regulamento Anexo à Circular Bacen nº 3.682/2013, "contemplar todas as relações existentes entre as diferentes modalidades de participação tratadas pelo arranjo", desde a instituição financeira ou instituição de pagamento do pagador até a do recebedor final.

Neste capítulo, foram analisados os papéis do instituidor de arranjos de pagamento, dos participantes dos arranjos e dos demais atores que atuam nas redes de pagamento eletrônico. Foram abordados os contratos que se estabelecem entre todos esses atores, em forma de rede, de modo a distribuir a responsabilidade e os riscos de acordo com o papel de cada qual.

Com a conclusão da análise acerca dos atores que compõem os arranjos de pagamento e dos contratos que entre si estabelecem, em rede, é possível avançar para a análise sobre a maneira como tais atores interagem de modo a interoperar. No próximo capítulo discute-se a teoria da interoperabilidade e, também, de que forma os benefícios e os riscos da interoperabilidade podem se apresentar no âmbito dos arranjos de pagamento.

3 INTEROPERABILIDADE

Os capítulos 1 e 2 apresentaram, em diversos momentos, referências à interoperabilidade. Tais referências demonstram que a interoperabilidade é componente dos sistemas de pagamento eletrônicos desde sua gênese, assim como é um objetivo visado pela regulação. No presente capítulo é estudado o conceito de interoperabilidade em sentido amplo, bem como seus reflexos e sua aplicação nos arranjos de pagamento.

3.1 CONCEITO DE INTEROPERABILIDADE

A etimologia do termo "interoperabilidade" remete aos conceitos do latim de inter — que significa **entre** — e *operor* — **trabalhar, ser eficaz, praticar, produzir** (INTEROPERABI-LIDADE, 2013). Interoperar é, portanto, a atividade de operar entre agentes. Ao trazer o conceito de interoperabilidade para a tecnologia, o significado assumido remete a processos e sistemas tecnológicos que trabalham em conjunto. No contexto dos pagamentos eletrônicos, significa, destarte, a interação para operatividade entre redes, atores e sistemas de pagamento eletrônico.

Como referência para esta análise, cabe trazer a conceituação de interoperabilidade no contexto da internet das coisas (IoT, sigla em inglês para *internet of things*). Nesse campo, a interoperabilidade é definida como a capacidade de comunicação entre dois objetos pela internet. A mesma classificação pode ser aplicada aos pagamentos eletrônicos, no fluxo transacional e financeiro entre sistemas e redes de pagamento.

A interoperabilidade é dividida entre interoperabilidade técnica — quando o sinal é transmitido entre objetos — e interoperabilidade semântica — quando os objetos interpretam (ou leem) os sinais trocados (KOMINERS, 2012, p. 8). Gasser e Palfrey[1] referem-se à interoperabilidade como o funcionamento conjunto de aspectos de um sistema complexo para alcançar objetivos comuns: "Isso é o que é especial sobre interoperabilidade: não se trata de tudo se tornar o mesmo; em vez disso, significa descobrir quais aspectos de um sistema complexo devem funcionar em conjunto para atingir objetivos compartilhados" (2012, p. 53, tradução livre)[2]. Segundo os mesmos autores, a interoperabilidade depende do contexto e não há definição única de interoperabilidade que se encaixe em todas as circunstâncias em que ela ocorre. A interoperabilidade, segundo Gasser e Palfrey (2012, p. 7), além de não ter definição única, tampouco tem medida única; assim, é caracterizada por seus contornos, graus e tipos, em um espectro multidimensional.

Ser interoperável ou ter interoperabilidade não é, portanto, uma questão de tudo ou nada. A interoperabilidade não é binária,

[1] Houve pesquisa sobre a teoria da interoperabilidade, na qual foram obtidos poucos resultados. Por essa razão, a conceituação de interoperabilidade e a análise de seus componentes seguem a obra de Gasser e Palfrey, a qual é baseada em diversas pesquisas sobre interoperabilidade desenvolvidas no Berkman Klein Center for Internet & Society de Harvard. Este capítulo segue tal obra por ser a mais profunda sobre o tema e a mais pertinente à abordagem pretendida.
[2] No original em inglês: "This is what is special about interoperability: it is not about everything becoming the same; rather, it means figuring out what aspects of a complex system must work together in order to accomplish shared goals."

mas pode apresentar-se em diversos níveis. E o melhor nível de interoperabilidade nem sempre será o máximo; a melhor interoperabilidade depende da definição de um nível ótimo de acordo com o contexto específico. O nível ótimo de interoperabilidade, por exemplo, pode significar a redução da interoperabilidade para proteção da privacidade e da segurança, em favor do interesse público (GASSER; PALFREY, 2012, p. 76). Afirmar qual é o nível ótimo de interoperabilidade depende da análise de cada caso concreto e também do desenvolvimento de uma teoria normativa sobre a interconectividade, isto é, da própria interoperabilidade (GASSER; PALFREY, 2012, p. 3).

No decorrer deste capítulo, são abordados a teoria e alguns exemplos de interoperabilidade, a fim de investigar meios de se aferir o nível ótimo de interoperabilidade caso a caso. Como mencionado nos parágrafos anteriores, a interoperabilidade é multidimensional e é caracterizada por seus contornos, seus graus e seus tipos. Para compreensão do conceito de interoperabilidade, são, a seguir, analisadas as quatro camadas que a compõem:

3.1.1 As quatro camadas de interoperabilidade

Pela definição ora adotada, a interoperabilidade é composta de quatro camadas, as quais funcionam como tabuleiros sobrepostos em interação. As quatro camadas da interoperabilidade são a tecnológica, a de dados, a humana e a institucional. É importante referir, portanto, que a interoperabilidade é a capacidade de troca de dados entre sistemas, aplicativos ou componentes, mas é também caracterizada pelas trocas pela interação humana e institucional.

O conceito de camada tecnológica é tão simples quanto a utilização de tecnologia para e na interação entre os componentes interoperáveis. A camada de dados, a seu turno, é a camada do conteúdo trocado entre os agentes que interoperam. A camada de dados é emparelhada e, às vezes, intrincada com a camada tecnológica (GASSER; PALFREY, 2012, p. 6). Para serem interoperáveis, os dados devem ser legíveis e compreensíveis pela tecnologia — o que Kominers, no conceito anteriormente citado, denomina de "interoperabilidade semântica".

A terceira camada é a humana, isto é, o modo como os agentes utilizam processos, sistemas e outros componentes na interoperabilidade. Um exemplo de atributo da camada humana é o idioma de comunicação. A quarta e última camada é a institucional, que diz respeito à interação entre entidades e instituições. O sistema jurídico é um exemplo de camada institucional (GASSER; PALFREY, 2012, p. 6), sendo certo que a regulação é exemplo de instrumento a viabilizar a interoperabilidade. São essas quatro camadas que definem os contornos da interoperabilidade. Em geral, as camadas humana e institucional se desenvolvem sobre camadas de tecnologia e dados.

3.1.2 Exemplos de interoperabilidade

Mais adiante, em item próprio, são abordados exemplos de interoperabilidade dos meios de pagamento. A seguir, são abordados alguns exemplos de interoperabilidade no transporte ferroviário e na comunicação telefônica. Esses exemplos são citados por autores atuais, ao falarem de interconexão e interoperabilidade. Há alguns exemplos de interoperabilidade no segmento de transportes. Os exemplos que serão a seguir ilustrados demonstram três cenários: a não interoperabilidade; a interoperabilidade a posteriori e a interoperabilidade planejada (ou by design).

O primeiro exemplo é de não interoperabilidade: os trens de carga brasileiros não transitam entre as fronteiras do Brasil e da

Argentina. Segundo estudo feito por economista do Banco Nacional de Desenvolvimento Econômico e Social (BNDES), as razões da não interoperabilidade remontam às disputas entre Brasil e Argentina pelo território do Uruguai e à Guerra do Paraguai, no século XIX, para que os exércitos não utilizassem as redes ferroviárias da nação adversária (LACERDA, 2009, p. 187). A não interoperabilidade entre as ferrovias brasileiras e argentinas, por certo, representa aumento de custos no comércio bilateral entre os países.

No mesmo sentido, o estudo técnico elaborado para subsidiar a escolha da bitola mais adequada para a linha 4 do metrô do Rio aponta que a não interoperabilidade entre as linhas férreas aumentam os custos de manutenção ao demandar a redundância de materiais e estruturas, assim como aumentam os custos de utilização da rede (CURY, 2011, p. 6). O exemplo demonstra que a utilização de bitolas diferentes — isto é, a não interoperabilidade entre elas — importa em redundância de estruturas, perda de flexibilidade operacional e aumento de custos.

Outro exemplo sobre interoperabilidade no segmento de transporte é o do metrô de Londres. O usuário do metrô e do trem da região metropolitana de Londres é beneficiado com a interligação entre onze linhas ferroviárias, que ligam 270 estações: "O *underground* de Londres, mais conhecido como tube, tem 11 linhas cobrindo 402 km e servindo 270 estações. Inaugurado em 1863, é a rede ferroviária subterrânea mais antiga do mundo e uma das maiores" (TRANSPORT FOR LONDON, 2017a; 2017b, tradução livre)[3]. No entanto, a rede de transporte ferroviário metropolitano de Londres passou a ser interligada depois de seu desenvolvimento. Ou seja, o metrô de Londres não era interoperável no seu nascimento. A primeira linha foi construída em 1863 pela em-

---

[3] No original em inglês: "London Underground, better known as the Tube, has 11 lines covering 402km and serving 270 stations. Opened in 1863, it is the world's oldest underground railway network, and one of the largest".

presa Metropolitan Railway (de onde surgiu, a propósito, o nome "metrô"). Nos anos seguintes, outras linhas foram inauguradas pela Metropolitan Railway e por seus concorrentes. Uma dessas linhas é a Circle, então administrada por duas diferentes empresas (TRANSPORT FOR LONDON, 2017a). As empresas que constituíram as linhas de metrô criaram linhas paralelas e estações próximas daquelas de seus concorrentes, para disputar os usuários do sistema de transporte. As linhas de metrô de Londres acabaram por ser interligadas décadas depois de sua criação. A redundância de estações levou ao fechamento de diversas delas após a unificação da gestão das linhas. Além do fechamento de estações, outra consequência da falta de interconexão quando da projeção das linhas é a distância percorrida pelos usuários nos trechos de conexão entre uma linha e outra. A interoperabilidade trouxe vantagens aos usuários da linha — notadamente, redução de custos e oferta maior de serviços —, mas, como as linhas não foram planejadas para se conectar, o tempo de caminhada entre as estações demonstra que a interconexão póstuma importa em mais fricção ao usuário.

De outro lado, é exemplo de interoperabilidade entre redes o das linhas telefônicas. Nos Estados Unidos, a lei sobre telecomunicações, de 1934, determinou que os provedores de serviços de telecomunicações deveriam se conectar com outras operadoras. A lei atual, de 1996, reitera a obrigação fundamental de interconexão nos seguintes termos: "Cada operadora de telecomunicações tem o dever de se conectar diretamente ou indiretamente com as instalações e os equipamentos de outras operadoras de telecomunicações" (FEDERAL COMMUNICATIONS COMMISSION, 2013, p. 7, tradução livre)[4]. Segundo James Speta, a obrigação de interconexão beneficia o consumidor ao ampliar as possibilidades de interação.

---

[4] No original em inglês: "Each telecommunications carrier has the duty—'(1) to interconnect directly or indirectly with the facilities and equipment of other telecommunications carriers;".

Essa obrigação de interconexão reconhece as externalidades de rede fundamentais das telecomunicações: um consumidor adquire serviços de telecomunicações para se conectar a outros, e o valor para o consumidor aumenta à medida que este consegue atingir um número maior de pessoas (SPETA, 2000, p. 62)[5].

No Brasil, a obrigatoriedade de interconexão entre redes de telefonia foi prevista na Lei Geral de Telecomunicações, Lei nº 9.472, de 1997, a qual prescreve a obrigatoriedade de interconexão entre as redes de telefonia (art. 146), assim entendida como a "ligação entre redes de telecomunicações funcionalmente compatíveis, de modo que os usuários de serviços de uma das redes possam comunicar-se com usuários de serviços de outra ou acessar serviços nela disponíveis" (parágrafo único). A lei determina, ainda, que a interconexão deve ser provida "em termos não discriminatórios, sob condições técnicas adequadas, garantindo preços isonômicos e justos, atendendo ao estritamente necessário à prestação do serviço (art. 152). Por fim, a lei prevê que as partes poderão negociar livremente as condições para a interconexão de redes (art. 153).

O estabelecimento de preços de interconexão entre redes de telefonia foi apreciado pelo Superior Tribunal de Justiça (STJ) em 2012. A controvérsia girou em torno da fixação de preços baseada somente na cobertura de custos, o que não possibilitaria o "excesso de vantagens econômicas para as operadoras que permitem o uso de suas redes por terceiros", nos termos da decisão do STJ. O acórdão proferido pelo STJ elucida a natureza dos serviços de rede e a importância da interconexão entre tais redes:

---

[5] No original em inglês: "This interconnection obligation recognizes the fundamental network externalities of telecommunications: a consumer purchases telecommunications service to connect to others, and the value to the consumer increases as the consumer is able to reach a greater number of persons".

3. A indústria de telecomunicações é, essencialmente, uma indústria estruturada em rede. Assim, cada empresa que atua neste mercado relevante necessita de uma rede para funcionar, ou seja, de uma infraestrutura necessária à prestação de serviços de telecomunicações. Não obstante seja admissível a hipótese teórica de que cada empresa prestadora de serviços de telecomunicações possa possuir a sua própria infraestrutura, esta afirmação não se faz crível no mundo concreto, tendo em vista, notadamente, os altíssimos custos em que incorreriam as empresas prestadoras deste serviço público para a **duplicação destas infraestruturas**, o que, aliado ao fato de o nosso país possuir dimensões continentais, inviabilizaria o alcance da universalização dos serviços de telecomunicações.

4. Embora seja possível que cada player possua sua própria rede, por questões de **racionalidade econômica** e de políticas públicas de universalização do mercado de telecomunicações, para que os usuários das redes possam falar entre si é preciso que tenha sido implementada a interconexão entre todas as redes existentes. Assim, para o usuário de uma rede da operadora "A" poder falar com o usuário de outra rede, por exemplo, a rede da operadora "B", é necessário que estas duas redes estejam interconectadas. Sem esta **interconexão**, os usuários de uma rede ficam limitados a se comunicar tão somente com os outros consumidores da sua própria rede.

5. Por ser um ativo comercial e representar a utilização da infraestrutura alheia, no Brasil, **é possível a cobrança** pelo uso destas redes por parte da terceira concessionária. [...]

7. Por integrarem as estruturas de custos das empresas atuantes no mercado de telecomunicações, é racional admitir, por hipótese, que estes valores influam ainda que de forma indireta - nos preços praticados por estas empresas junto aos usuários. **Além disso, quanto maior a possibilidade de interconexão, melhor será a qualidade dos serviços prestados, bem como o acesso de maior parte da população aos serviços de telecomunicações.** [...] (REsp 1334843/

DF, Rel. ministro Mauro Campbell Marques, Segunda Turma, julgado em 27/11/2012, DJe 05/12/2012, grifos da autora).

Como fica claro na decisão do STJ, a interconexão entre as redes pode aumentar o acesso aos e a qualidade dos serviços de telefonia, assim como pode reduzir custos e aumentar a concorrência entre agentes econômicos. Também fica evidenciado que a cobrança para utilização de rede é possível, como forma de remuneração pela utilização de ativo alheio.

Ainda sobre a interoperabilidade nas redes de telefonia, Gasser e Palfrey citam a cobrança de *roaming* por utilização de outra rede de telefonia como um exemplo em que a interoperabilidade é viabilizada entre companhias. Os autores mencionam que a interoperabilidade pode acarretar em custos ao usuário, já que este se beneficia da utilização de múltiplas redes interconectadas: "Os viajantes podem obter conectividade de voz e dados mesmo no sistema de outra empresa, mas pode vir a um custo muito alto. **Não existe uma lei que diga que todos os sistemas devem interoperar de forma global e transparente de graça**". (GASSER; PALFREY, 2012, p. 30-31, tradução livre, grifo da autora)[6].

Portanto, as redes de telefonia são um exemplo de interconectividade entre redes concorrentes, mas sob um custo que é repassado ao usuário. Nicholas Economides, ao dissertar sobre as características econômicas das redes de cartão de crédito, afirmou que as redes de pagamentos por cartão são similares às redes de telefonia de longa distância porque conectam usuários finais (ECONOMIDES, 1995, p. 62). No entanto, as redes de pagamento se diferenciam das redes de telefonia de longa distância porque há incompatibilidade entre sistemas e, portanto, não há interoperabilidade entre redes concorrentes:

---

[6] No original em inglês: "Travelers can get voice and data connectivity even on another company's system, but it may come at a very high cost. There is no law that says that all systems must interoperate globally and seamlessly for free".

Uma diferença importante entre uma rede de cartão de crédito e uma rede de longa distância é que hoje uma rede de longa distância possui interoperabilidade total, ou seja, qualquer chamada pode ser direcionada a qualquer destino independentemente da operadora. Em contrapartida, **as redes de cartões de crédito são incompatíveis.** Por exemplo, uma transação Visa ocorre apenas entre um titular de cartão Visa, um banco Visa e um comerciante Visa. Dado que as redes de cartões de crédito são incompatíveis, a entrada é uma questão crucial. A admissão de novos membros deve, em princípio, intensificar a concorrência no preço dos componentes que os membros da rede fornecem, ou seja, competição intrarrede. (ECONOMIDES, 1995, p. 62, tradução livre, grifo da autora)[7].

As principais redes de pagamento possuem regras similares, tecnologias equiparáveis e métodos de negócio semelhantes e atuam sob padrões tecnológicos conjuntamente concebidos. As características das redes de pagamento, especialmente aquelas referentes às externalidades de rede, fazem com que haja maior concentração de mercado: "No caso específico dos meios de pagamento, a dinâmica de concentração dos diversos produtos em poucas redes de emissão de cartões e captura de transações é uma consequência natural das características econômicas da indústria" (PEREIRA NETO; PRADO FILHO, 2008, p. 134).

As redes de telefonia e de transporte ferroviários foram interconectadas por ordem do regulador a fim de eliminar gargalos e beneficiar a sociedade com a maior eficiência. A desnecessidade de construção de redes paralelas e, portanto, de duplicidade de

---

[7] No original em inglês: "An important difference between a credit card network and a long-distance network is that today a long-distance network has full interoperability, that is, any call can go to any destination irrespective of the carrier. In contrast, credit card networks are incompatible. For example, a Visa transaction is only between a Visa cardholder, a Visa bank, and a Visa merchant. Given that credit card networks are incompatible, entry is a crucial issue. Admission of new members should, in principle, intensify competition in the pricing of components that the members of the network provide, that is, intra-net-work competition".

investimento, faz sentido na telefonia e no transporte ferroviário na maior parte das circunstâncias. Para os pagamentos eletrônicos, no entanto, talvez a unicidade de estruturas não faça tanto sentido. Suponhamos que as bandeiras líderes de mercado ou as credenciadoras líderes de mercado unifiquem a sua estrutura. Além de gerar um monopólio (com todos os efeitos adversos que pode representar) e inibir a concorrência, tal unificação representaria um aumento exponencial do risco sistêmico. Portanto, ainda que as redes de pagamento sejam similares às redes de telefonia e de transporte ferroviário, as razões que levam à interoperabilidade são distintas, assim como serão, por consequência, distintas as formas de interoperabilidade. Havendo a impossibilidade ou a não conveniência de interconexão das redes (ou por meio destas), ainda é possível a interoperabilidade intraplataforma. O incentivo à interoperabilidade seria a entrada de participantes em sistemas concorrentes, aumentando a competição dentro de cada rede de pagamento.

O entendimento do regulador, no entanto, é de que deve haver interoperabilidade tanto entre participantes de um mesmo arranjo de pagamentos como entre diferentes arranjos. Essas questões são abordadas mais adiante.

Esses exemplos demonstram que a interoperabilidade está presente principalmente em sistemas de rede e que sua adoção tem implicações em custos e remuneração das partes envolvidas. A interoperabilidade, por certo, apresenta diversos benefícios e riscos, abordados a seguir.

3.1.3 Benefícios da interoperabilidade

Entre os benefícios da interoperabilidade, se destacam: o empoderamento do consumidor, a redução de custos e o aumento da diversidade, da concorrência (intra e interplataformas) e da inovação.

Na avaliação desses benefícios, devem ser sopesados os riscos da interoperabilidade, que são expostos na sequência. Por ora, sobre os vários benefícios da interoperabilidade, se destacam a possibilidade de aumento de eficiência, redução de custos e maior competitividade e inovação.

A interoperabilidade pode proporcionar empoderamento dos consumidores na medida em que lhes confere mais conveniência e mais autonomia. "Uma maior interoperabilidade significará que as pessoas podem selecionar e escolher suas tecnologias preferidas, levando a uma maior concorrência nesse novo mercado" (KOMINERS, 2012, p. 13, tradução livre)[8]. Com um leque maior de opções, os consumidores podem fazer escolhas melhores e mais informadas (GASSER; PALFREY, 2012, p. 64). A interoperabilidade pode, e não necessariamente garante, oferecer mais escolhas ao consumidor, como demonstra o exemplo das fitas VHS, abordado no próximo item.

Muitas vezes, a interoperabilidade passa despercebida pelo consumidor, que pode desconhecer o número de atores e sistemas envolvidos na oferta de um mesmo produto. É o caso dos meios de pagamento eletrônicos, já que, por trás do cartão emitido pela instituição com a qual o consumidor tem contrato, há tantas outras empresas e tantos outros sistemas interligados por uma rede de contratos (como visto nos capítulos 1 e 2). Também é assim, por exemplo, no caso dos computadores portáteis, em que há centenas de protocolos de interoperabilidade: "Pelo menos 250 padrões de interoperabilidade estão envolvidos na fabricação do *laptop* médio produzido hoje" (GASSER; PALFREY, 2012, p. 163, tradução livre)[9].

É mais fácil, pois, apontar a falta de interoperabilidade do que evidenciar a existência de interoperabilidade. Uma circunstância

---

[8] No original em inglês: "Greater interoperability will mean that people can pick and choose their preferred technologies, leading to greater competition in this new marketplace".
[9] No original em inglês: "At least 250 interoperability standards are involved in the manufacture of the average laptop produced today".

elucidativa é a da multiplicidade de modelos de carregadores de celular. Embora seja evidente que tanto consumidores como o meio ambiente se beneficiariam da criação de modelo unificado de carregadores, há pouco interesse das empresas em fazê-lo. Ao unificar os modelos de carregadores, as empresas poderiam perder as margens de vendas desses acessórios, já que o modelo único significaria que concorrentes vendessem para seus clientes. A solução apresentada para tal problema foi a criação e a adoção, pelos fabricantes, de um padrão compartilhado de carregadores (GASSER; PALFREY, 2012, p. 58).

A demanda do consumidor, nesse sentido, pode ditar a implementação da interoperabilidade. Assim ocorreu justamente com relação à expansão dos meios de pagamento eletrônicos: "os cartões de crédito não se tornariam tão populares se não tivessem cumprido a necessidade subjacente do consumidor. As pessoas simplesmente desfrutam da capacidade de gastar sem pagar imediatamente. E os cartões de crédito facilitam esse processo" (RITTER, 2000, p. 337, tradução livre)[10].

A interoperabilidade pode representar redução de custos e, assim, maior eficiência. No exemplo do transporte ferroviário, anteriormente mencionado, é evidente que a utilização de bitolas diferentes implica necessidade de múltiplas estruturas de manutenção e de equipamentos. A redundância de estruturas e materiais, por certo, aumenta os custos do transporte entre linhas de bitola diferente. O mesmo é o caso das redes de telefonia, em que a falta de compartilhamento de rede implicaria a necessidade de múltiplas redes paralelas.

A adoção da interoperabilidade pode, pois, representar economia de custos. A utilização dos pagamentos eletrônicos, como vis-

---

[10] No original em inglês: "credit cards would not have become so popular if they hadn't fulfilled the underlying consumer need. People simply enjoy the ability to spend without paying up immediately. And credit cards facilitate that process".

to, representa redução de custos em comparação aos pagamentos em papel. Uma das situações que evidenciam a redução de custos no pagamento eletrônico é a redução de tempo de espera na fila de pagamento no estabelecimento comercial. Evans e Schmalensee, em uma conta simples, calculam que a economia de segundos no tempo necessário para cada pagamento pode representar redução de custos de bilhões de dólares por ano (2005, p. 93)[11].

Ao multiplicar o tempo de espera na fila para pagamento com cheques pelo valor médio pago pela hora de um trabalhador nos Estados Unidos e pelo número total de transações por ano, Evans e Schmalensee concluem que, se em 2001 todos os pagamentos em cheque nos Estados Unidos tivessem sido feitos com cartões, a economia seria de 5,1 bilhões de dólares (EVANS; SCHMALENSEE, 2005, p. 94)[12]. Tanto é assim que a rede de cafeterias americana Starbucks, por exemplo, lançou em 2001 um cartão de pagamento cujo objetivo, entre outros, era reduzir o tempo de espera na fila do caixa (EVANS; SCHMALENSEE, 2005, p. 93). Posteriormente, a Starbucks lançou o Starbucks Card Mobile, que utiliza o smartphone dos clientes como instrumento de pagamento. Essa forma de pagamento é um exemplo de interoperabilidade entre tecnologia de código de barras, aplicações *web* 2.0 e dispositivos móveis que promove conveniência para os usuários e eficiência para o comerciante (GASSER; PALFREY, 2012, p. 64-65). A interoperabilidade entre o cartão pré--pago da Starbucks e o terminal do caixa de suas lojas beneficia o consumidor e representa redução de custos para a cafeteria, entre outras vantagens tanto para o consumidor como para a empresa.

Outro benefício da interoperabilidade que merece destaque é o fomento à diversidade. À primeira vista, pode parecer que a intero-

---

[11] "There is an agreement that credit cards are faster than checks [...] One industry source suggests that the difference in favor of cards is as large as fifty-six seconds [...]. Time saving of only a few seconds per transaction become worth quite a bit when billions of transactions are involved."
[12] Esse valor considera a hipótese de que haja somente duas pessoas aguardando na fila do caixa; não considera a redução de custos com funcionários e equipamentos, entre outros fatores.

perabilidade, que muitas vezes ocorre por meio da padronização, implica uniformização. O propósito da interoperabilidade não é uniformizar, mas permitir que diferentes tecnologias coexistam e interajam (GASSER; PALFREY, 2012, p. 11 e 108). A realidade demonstra que a interoperabilidade mantém e impulsiona a diversidade, a exemplo dos sistemas financeiros, que atuam de forma interligada a despeito da multiplicidade de moedas correntes (GASSER; PALFREY, 2012, p. 10). Assim também o é nos pagamentos eletrônicos, em que múltiplos atores estão envolvidos com modelos de negócios diferentes e com produtos diversificados.

A teoria e a prática mostram que a interoperabilidade pode trazer inúmeros benefícios à sociedade como um todo. Mas a interoperabilidade pode, também, aumentar alguns riscos. Os principais riscos são tratados no próximo item.

3.1.4 Riscos da interoperabilidade

Ao aumentar a interação entre sistemas e componentes de diferentes empresas, a interoperabilidade pode aumentar riscos relacionados à circulação de dados e à concorrência. A adoção da interoperabilidade importa em um *trade-off* entre benefícios e riscos, a exemplo da interoperabilidade para troca de dados: "A mesma infraestrutura que nos permite criar, armazenar e compartilhar informações pode colocar nossa privacidade e nossa segurança em risco" (GASSER; PALFREY, 2012, p. 2, tradução livre)[13].

Os riscos estão associados à utilização do nível adequado de interoperabilidade — pouca ou muita interoperabilidade pode dar margem a efeitos negativos. Os dois principais desafios da teoria da interoperabilidade são definir o seu nível ótimo e endereçar os

---

[13] No original em inglês: "The same infrastructure that enables us to create, store, and share information can put our privacy and security at risk."

efeitos adversos como perda de diversidade, vulnerabilidade de privacidade e segurança e aprisionamento a tecnologias (GASSER; PALFREY, 2012, p. 4). Alguns desses riscos são analisados a seguir, especialmente os relacionados à privacidade e à segurança de dados, à uniformidade, ao aprisionamento e à complexidade.

A interoperabilidade, por si só, não põe em risco a privacidade e a segurança de dados, mas, quanto mais os sistemas interagem, maior é a possibilidade de compartilhamento de dados. Assim, necessário é, também, que sejam utilizados mecanismos que restrinjam o compartilhamento de dados ao desejado ou ao necessário (GASSER; PALFREY, 2012, p. 36). Como a interoperabilidade é a interação entre diferentes sistemas ou componentes, há, naturalmente, a abertura de mais pontos de acesso aos dados de tais sistemas e componentes. Isso faz com que o risco de vazamento de dados seja maior do que aquele em sistemas fechados e não interoperáveis. Isso não significa, necessariamente, que a interoperabilidade torne os sistemas menos seguros. Portanto, ao abrir os canais de transmissão de dados para que ocorra a interoperabilidade, é necessário que os agentes que interoperam imponham medidas de contenção e de proteção aos dados e à privacidade de seus usuários.

Assim como a maior interconexão apresenta riscos ligados à troca de dados, também aumenta a interdependência entre sistemas e a sua complexidade. O risco da alta interdependência entre sistemas interoperáveis foi evidenciado na crise financeira global de 2008, em que a alta interconectividade ampliou os efeitos adversos em escala (GASSER; PALFREY, 2012, p. 143 e 146). Há que se ter em vista que a interoperabilidade aumenta a complexidade dos sistemas e, assim, também são aumentados os efeitos de eventual falha. Esse risco deve ser tido em conta e endereçado quando da implementação da interoperabilidade, de modo a evitar danos em efeito dominó em um sistema interconectado (GASSER; PALFREY, 2012, p. 148).

Esse aspecto é muito importante no que diz respeito aos arranjos de pagamentos, pois a falha de crédito, por exemplo, em uma parte do sistema pode afetar o arranjo como um todo. A conceituação de risco sistêmico, trazida no capítulo anterior, inclusive equipara esse risco ao de um acidente nuclear. Para tanto, são exigidas garantias aos participantes dos arranjos de pagamento, a fim de evitar que riscos operacionais, de liquidez e de crédito de um participante contagiem toda a rede de pagamentos. A interoperabilidade, portanto, não pode ser tão abrangente a ponto de criar um ambiente em que uma falha contamine todo o sistema. Uma superinteroperabilidade aumentaria o risco sistêmico do sistema de pagamentos eletrônicos, razão pela qual devem existir freios que controlem o risco de contágio sistêmico.

Outro risco trazido pela interoperabilidade é o da perda de diversidade. No tópico anterior, a diversidade foi apontada como um dos benefícios da interoperabilidade. Porém, se adotado o nível inadequado de interoperabilidade, pode haver uniformidade ou homogeneidade, o que não é benéfico aos consumidores e à concorrência. O estabelecimento de padrões para assegurar a interoperabilidade pode ter um efeito de nivelamento e uniformidade, como nos casos padrões de internet ou controle de tráfego (GASSER; PALFREY, 2012, p. 106). A adoção padronizada de um sistema em detrimento de outro pode eliminar a diversidade por conta dos efeitos de rede. Quanto mais um produto é usado, mais ele será preferido por novos usuários, o que aumenta o valor da rede: "Uma vez que um sistema ganhou alguma popularidade inicial, pode afastar-se de seus concorrentes e se tornar um padrão de fato" (GASSER; PALFREY, 2012, p. 101, tradução livre). Seguindo essa tendência, é provável que a fatia de mercado do sistema dominante seja de tal forma aumentada que acabe por eliminar a diversidade.

Um dos exemplos em que a adoção de um padrão acabou por implicar uniformidade é aquele das fitas de vídeo em formato VHS, de propriedade da JVC. Embora alguns aleguem que a tecnologia do concorrente Betamax, da Sony, fosse superior, o formato VHS acabou por dominar o mercado de fitas de vídeo. Os economistas chamam esse fenômeno de padronização subótima (GASSER; PALFREY, 2012, p. 103). A disputa entre o padrão Betamax e VHS é um exemplo de competição entre plataformas. No Brasil, outro exemplo é o da disputa entre as tecnologias telefônicas TDMA e GSM. Quando a concorrência ocorre entre plataformas, os usuários podem acabar por escolher a tecnologia dominante, e a mais adotada pode conquistar o domínio do mercado em movimento denominado "winner takes all" (o ganhador leva tudo). Outra saída para a disputa é a definição de um padrão de tecnologia pelo Estado, como no caso das emissoras de sinal digital de televisão no Brasil que concorrem na mesma plataforma *high-definition multimedia interface* (HDMI, interface multimídia de alta resolução). A partir daí, todos os provedores concorrem dentro de uma mesma plataforma, definida pelo Estado.

O problema da uniformidade está intimamente ligado ao risco de aprisionamento a uma determinada tecnologia. Um exemplo de situação em que a interoperabilidade levou à uniformidade e ao aprisionamento a uma tecnologia é o dos teclados QWERTY. O teclado no formato QWERTY foi desenvolvido com vistas a resolver o problema de emperramento entre teclas de máquinas de escrever. À época em que teclado QWERTY se popularizou, o problema do emperramento de teclas já havia sido resolvido e outros teclados que garantiam a digitação mais rápida já haviam sido criados. No entanto, por já terem sido amplamente adotados, os teclados QWERTY não foram substituídos por aqueles de tecnologia superior. Os usuários ficaram, pois, aprisionados à tecnologia uniforme do teclado QWERTY devido aos custos de troca (GASSER; PALFREY, 2012, p. 103).

A prática demonstra, portanto, que muita interoperabilidade pode ter impactos negativos, em especial quanto ao aprisionamento a uma determinada tecnologia:

> Mas interoperabilidade demais ou os tipos errados de interoperabilidade podem ter o efeito oposto, fazendo com que um sistema altamente interligado, como o sistema global de controle de tráfego aéreo, fique preso à tecnologia de uma era específica. [...] O problema do **aprisionamento** ajuda a esclarecer a teoria da interoperabilidade como um todo: **a interoperabilidade é certamente desejável, mas não o tempo todo e não no mais alto grau possível em todos os casos**. (GASSER; PALFREY, 2012, p. 17, tradução livre, grifo da autora)[14].

Nos meios de pagamento, pode ser um exemplo de aprisionamento a uma tecnologia subótima a resistência, no Brasil, à adoção dos cartões de pagamento sem contato devido ao custo de troca dos cartões plásticos com chip pelos cartões contactless, ainda que o Brasil seja um dos maiores parques de aceitação de cartões sem contato do mundo. Outro exemplo é a resistência à adoção dos cartões com chip nos Estados Unidos devido aos custos de troca dos cartões com tarjas magnéticas e de terminais de adquirência.

Por todo o exposto, a interoperabilidade traz benefícios e riscos, principalmente decorrentes do grau adotado. É fundamental que, sempre que for analisada sua adoção, sejam levados em conta os riscos trazidos pela interoperabilidade, especialmente aqueles decorrentes da não observação do nível ótimo.

---

[14] No original em inglês: "But too much interop, or the wrong kinds of interop, can have the opposite effect, causing a highly interconnected system, such as the global system of air traffic control, to become locked in to the technology of a particular era. [...] The lock-in problem helps clarify interop theory as a whole: interop is certainly desirable, but not all the time and not to the highest possible degree in every case".

3.1.5 Tipos de interoperabilidade

Como mencionado no exemplo sobre o transporte ferroviário, a interoperabilidade pode nascer com o sistema ou componente em si, isto é, como parte do projeto inicial (by design). De outro lado, a interoperabilidade pode ocorrer a posteriori, quando os sistemas e os componentes são interconectados após o seu desenvolvimento. A solução da emenda ou do retalho, isto é, posterior à criação, se opõe ao que se qualifica como seamless, isto é, sem costura ou fluido. As novas soluções tecnológicas têm buscado melhorar a experiência de seus usuários ao pensar em utilização sem atrito, de menor desgaste. Nesse sentido é que a interoperabilidade planejada, ou by design, quando possível, pode representar a melhor utilização pelos seus destinatários, ao compatibilizar sistemas concorrentes: "A interoperabilidade por design é uma abordagem pela qual as empresas podem alcançar a compatibilidade entre sistemas concorrentes" (GASSER; PALFREY, 2012, p. 163, tradução livre)[15].

Outra diferenciação existente entre formas de interoperabilidade é a da interoperabilidade seletiva. A interoperabilidade aberta, por assim dizer, é aquela em que uma parte disponibiliza seu sistema para utilização aberta por outrem, como nas APIs[16]. As APIs são amplamente presentes nos meios de pagamento eletrônicos, a exemplo das carteiras digitais Stelo, Masterpass e Visa Checkout. Nesse sentido é a recente regulamentação europeia sobre a obrigatoriedade de abertura de APIs no mercado bancário, por meio do *Payments Services Directive* n. 2 (PSD2), que prevê a padronização de informações para o livre acesso interoperável entre prestadores de serviços de pagamento e instituições financeiras ou de pagamento; "Isso significa

[15] No original em inglês: "Interoperability by design is one approach by which companies can achieve compatibility among otherwise competing systems".
[16] APIs: "API é um conjunto de rotinas e padrões de programação para acesso a um aplicativo de *software* ou plataforma baseado na *web*. A sigla API refere-se ao termo em inglês 'application programming interface', que significa, em tradução para o português, 'interface de programação de aplicativos'" (CANALTECH, 2017).

que esses padrões abertos devem garantir a interoperabilidade de diferentes soluções de comunicação tecnológica" (tradução livre)[17]. Ao disponibilizar unilateralmente os códigos de seus produtos, as empresas podem promover abertamente a interoperabilidade. A disponibilização de APIs abertas promove a inovação ao permitir que usuários utilizem os dados e os sistemas unilateralmente disponibilizados por seus proprietários, de modo a misturar e combinar com suas próprias plataformas para os mais variados usos (GASSER; PALFREY, 2012, p. 116).

Como visto, a melhor interoperabilidade não é, necessariamente, equivalente à maior interoperabilidade possível. Para atingir o nível ótimo de interoperabilidade, é utilizada a interoperabilidade seletiva ou a interoperabilidade limitada. A interoperabilidade seletiva é aquela em que a conexão está condicionada a determinadas situações, como acessos a sistemas em que cada tipo de credencial permite obter um nível diferente de informação de acordo com a necessidade (GASSER; PALFREY, 2012, p. 79). Uma variante da interoperabilidade seletiva é a limitada, também chamada de "interoperabilidade condicional". O exemplo é, justamente, oriundo dos meios de pagamento. Segundo o autor, os sistemas interoperam quando necessário e deixar de operar [18] quando não convém, como nos casos de fraude:

> Nós não queremos sempre que as coisas interajam completamente. Às vezes, queremos travar a interoperabilidade para corrigir erro humano, como demonstra o exemplo da bomba de gasolina (não interoperabilidade proposital). Outras vezes, queremos freios para evitar fraude, como no exemplo do cartão de crédito: a interoperabilidade

[17] No original em inglês: "This means that those open standards should ensure the interoperability of different technological communication solutions".
[18] Em verdade, mesmo quando há negativa de um pagamento com instrumento eletrônico, os sistemas interoperam entre si. A transação é submetida ao emissor, que, por sua vez, responde à credenciadora, por meio do sistema da bandeira, que aquela transação não foi aprovada. Ainda assim, o exemplo é válido, pois, se um cartão é bloqueado pelo emissor a pedido do portador, por furto, esse cartão não interoperará com a rede.

é bloqueada se houver a possibilidade de roubar o cartão. Queremos garantir que as partes do sistema sempre possam funcionar juntas, mas também que o sistema possa levantar barreiras ou redutores de velocidade quando necessário (interoperabilidade limitada ou condicional). (GASSER; PALFREY, 2012, p. 88, tradução livre)[19].

A terceira distinção entre tipos de interoperabilidade é aquela relacionada à sua origem, isto é, se a iniciativa em promover a interoperabilidade é das partes envolvidas ou se é uma diretriz legislativa ou regulatória. As iniciativas das empresas, em geral, são o melhor caminho para se atingir a interoperabilidade (GASSER; PALFREY, 2012, p. 16). O desenvolvimento da versão 2.0 do padrão de conexão USB, por exemplo, é resultado de um consórcio entre empresas de alta tecnologia, incluindo Intel, Compaq, Hewlett--Packard, Microsoft e Philips (GASSER; PALFREY, 2012, p. 165). Não há dúvidas de que o surgimento dos sistemas de pagamento eletrônicos seja também um exemplo de interoperabilidade entre diversas empresas para a consecução de um objetivo comum.

Contudo, quando as empresas não promovem a interoperabilidade por iniciativa própria, ou não a promovem em níveis adequados, poderá o regulador intervir e determinar a interoperabilidade. A intervenção do Estado em ordenar a interoperabilidade pode ser necessária em três situações: para viabilizar a interoperabilidade, para criar condições equitativas ou para limitar a interoperabilidade (GASSER; PALFREY, 2012, p. 13).

Como mencionado anteriormente, o Parlamento Europeu, no âmbito do PSD2, impôs regras expressas sobre a obrigatoriedade de interoperabilidade entre atores do mercado, gerando

---

[19] No original em inglês: "We do not always want things to interoperate completely. Sometimes we want brakes on interoperability to correct against human error, as the diesel gas pump example demonstrates (purposeful non-interoperability). Other times, we want brakes to prevent fraud, as with the example of the credit card: interoperability is blocked if there is a possibility the card is stolen. We want to make sure that the parts of the system can always work together but also that the system can throw up roadblocks or speed bumps where necessary (limited, or conditional, interoperability)."

especificações técnicas mínimas que deveriam ser observadas no relacionamento entre os agentes do mercado. No Brasil, por outro lado, a regulação foi expressa no sentido de prever a interoperabilidade como princípio a ser seguido nos meios de pagamento eletrônicos. A seguir, são abordadas essa e outras instâncias em que a legislação brasileira prevê o princípio da interoperabilidade.

3.2 INTEROPERABILIDADE NA LEGISLAÇÃO BRASILEIRA

A decisão do regulador em intervir no mercado e impor a interoperabilidade deve levar em conta a dinâmica de concorrência, a eficiência de estruturas e o benefício à sociedade. É racional que o legislador e o regulador intervenham nesse sentido quando os agentes privados não encontram um equilíbrio na utilização eficaz de estruturas comuns.

Gasser e Palfrey sugerem as diretrizes, em quatro etapas a serem seguidas pelo regulador quando obrigar as empresas a adotarem a interoperabilidade. As quatro etapas para a imposição da interoperabilidade pelo regulador são: estabelecer uma boa razão para intervir; apontar objetivos da intervenção regulamentar (pois a interoperabilidade não é um fim em si mesma); considerar os fatos e as variáveis da situação, como concorrência e estado da tecnologia; e considerar quais mecanismos são mais susceptíveis de levar a um resultado desejável, como eficácia, eficiência e flexibilidade (GASSER; PALFREY, 2012, p. 173-174).

Entre os fatores que o regulador deve levar em consideração, certamente está aquele da remuneração dos participantes da interoperabilidade. É importante ressaltar que, como no caso das redes de telefonia levados à apreciação do STJ, a empresa proprietária da tecnologia tem o direito de receber o pagamento pelo uso de seu sistema:

Quando as empresas criam produtos e serviços que não são otimamente interoperáveis, os governos podem exigir que as empresas divulguem informações técnicas suficientes para permitir que outras empresas criem produtos interoperáveis. Em contrapartida, a empresa com tecnologia proprietária receberá uma taxa de royalties justa, enquanto outras empresas se beneficiarão de um campo mais competitivo. (GASSER; PALFREY, 2012, p. 169, tradução livre)[20].

Ainda na esfera de atuação do legislador ou regulador para fazer valer a interoperabilidade, há a situação chamada de "legislação por ameaça". Nessa situação, ao perceber que o regulador poderá determinar a interoperabilidade — e talvez receosas da extensão de tal regulação —, as partes tomam a iniciativa de adotar a interoperabilidade. (GASSER; PALFREY, 2012, p. 59).

A obrigatoriedade da interoperabilidade, de outro lado, aumenta os retornos do efeito de rede, segundo Economides, Lopomo e Woroch: "A interconexão obrigatória ajuda a sociedade a colher todos os benefícios de efeitos de rede de redes interconectadas em vez dos menores efeitos de rede de suas partes constituintes desconectadas" (ECONOMIDES; LOPOMO; WOROCH, 1998, p. 1, tradução livre)[21].

Na legislação brasileira, o mandato de interoperabilidade, com esse nome, é recente. Antes disso, como mencionado, houve situações em que o legislador e o regulador entenderam pela necessidade de interconexão, como no caso das redes de telefonia, previsto na Lei Geral de Telecomunicações, Lei nº 9.472, de 1997.

---

[20] No original em inglês: "When companies create products and services that are not optimally interoperable, governments may require firms to disclose sufficient technical information to enable other companies to build interoperable products. In return, the company with the proprietary technology will receive a fair royalty rate, while other companies benefit from a more level playing field for competition".
[21] No original em inglês: "Mandatory interconnection helps society to reap the full benefits of network effects of the interconnected network rather than the much smaller network effects of its constituent disconnected parts".

A primeira referência ao termo "interoperabilidade" na legislação brasileira data do ano 2000. Anteriormente, como visto, houve referências ao termo "interconexão", que apresenta similaridades com a interoperabilidade.

Vários são os diplomas que tratam da interoperabilidade entre sistemas de dados do governo, nomeadamente: a política de segurança da informação nos órgãos e nas entidades da administração pública federal[22], o sistema nacional de informações de registro civil[23], o sistema nacional de informações de segurança pública, prisionais e sobre drogas[24], o processo administrativo eletrônico[25] e a política de dados abertos do poder executivo federal[26]. O fato de as primeiras referências legais à interoperabilidade dizerem respeito a sistemas de dados do governo demonstram o reconhecimento estatal da necessidade de compartilhamento de dados e de eficiência no investimento em sistemas com possibilidade de interligação entre si.

---

[22] O Decreto nº 3.505, que institui a Política de Segurança da Informação nos órgãos e nas entidades da Administração Pública Federal, lista a interoperabilidade entre sistemas de segurança da informação entre seus objetivos: "Art. 3º São objetivos da Política da Informação: [...] VIII - assegurar a interoperabilidade entre os sistemas de segurança da informação".

[23] A Lei nº 12.662, de 2012, que assegura validade nacional à declaração de nascido vivo, estabelece que "os dados colhidos nas Declarações de Nascido Vivo serão consolidados em sistema de informação do Ministério da Saúde (art. 5º) e determina a interoperabilidade de tal sistema com o sistema de registro eletrônico (Lei nº 11.977, de 2009) e com o Sistema Nacional de Informações de Registro Civil (Sirc). Em 2014, foi publicado o Decreto nº 8.270, o qual instituiu o Sirc "com a finalidade de captar, processar, arquivar e disponibilizar dados relativos a registros de nascimento, casamento, óbito e natimorto, produzidos pelas serventias de registro civil das pessoas naturais". Segundo o mesmo decreto, cabe ao Sirc "promover a interoperabilidade entre os sistemas das serventias de registro civil de pessoas naturais e os cadastros governamentais".

[24] A Lei nº 12.681, de 2012 institui o Sistema Nacional de Informações de Segurança Pública, Prisionais e sobre Drogas (Sinesp). O Sinesp é um sistema para armazenamento, tratamento e integração de dados "para auxiliar na formulação, implementação, execução, acompanhamento e avaliação das políticas relacionadas com: I - segurança pública; II - sistema prisional e execução penal; e III - enfrentamento do tráfico de crack e outras drogas ilícitas" (Lei nº 12.681, art. 1º). Nesse sentido, um dos objetivos do Sinesp é "garantir a interoperabilidade dos sistemas de dados e informações" (Lei nº 12.681, art. 2º, IV).

[25] Em 2015, o Decreto nº 8.539, que dispõe sobre o processo administrativo eletrônico, estabeleceu a adoção de padrões com o fim de promoção da interoperabilidade: "Art. 15. Deverão ser associados elementos descritivos aos documentos digitais que integram processos eletrônicos, a fim de apoiar sua identificação, sua indexação, sua presunção de autenticidade, sua preservação e sua interoperabilidade".

[26] Em 2016, o Decreto nº 8.777 instituiu a Política de Dados Abertos do Poder Executivo Federal, cujas diretrizes estabelecem, entre outras, a interoperabilidade das bases de dados: "V - completude e interoperabilidade das bases de dados, as quais devem ser disponibilizadas em sua forma primária, com o maior grau de granularidade possível, ou referenciar as bases primárias, quando disponibilizadas de forma agregada" (art. 3º).

Em 2015 foi publicado o novo Código de Processo Civil (CPC). Em seu artigo 194, o CPC prevê que os sistemas de automação processual devem observar as garantias de interoperabilidade de sistemas, serviços, dados e informações que o Poder Judiciário administre no exercício de suas funções. Assim como na legislação sobre sistema de governo, a interoperabilidade entre sistemas de processo judicial eletrônico demonstra o reconhecimento estatal da necessidade de eficiência no investimento em sistemas com possibilidade de interligação entre si.

O marco civil da internet, assim chamada a Lei nº 12.965, de 2014, traz a interoperabilidade em dois trechos. A interoperabilidade consta como um dos objetivos da disciplina do uso da internet no Brasil (art. 4º, IV): "da adesão a padrões tecnológicos abertos que permitam a comunicação, a acessibilidade e a interoperabilidade entre aplicações e bases de dados". O marco civil da internet estabelece, ainda, as diretrizes a serem seguidas pelos entes federados para o desenvolvimento da internet no Brasil. Dentre tais diretrizes, figura a promoção da interoperabilidade tecnológica dos serviços de governo eletrônico para permitir o intercâmbio de informações, a celeridade de procedimentos e a promoção da interoperabilidade entre sistemas e terminais diversos (art. 24).

É exemplo de padronização a identificação dos dispositivos para acesso à internet a partir de um protocolo de internet (IP, sigla em inglês para *internet protocol*). É essa padronização que permite a interoperabilidade entre os dispositivos e a rede de internet, como descreve a Internet Corporation for Assigned Names and Numbers (ICANN), o órgão mundial responsável por estabelecer regras do uso da internet. A ICANN é responsável pela distribuição de números de IP e por coordenar o controle dos elementos técnicos do DNS[28], que permitem a interoperabilidade global da rede[29]. A interoperabilidade na internet, portanto, nos termos previstos no marco civil da internet, é aquela entre bases de dados, sistemas e terminais dos serviços de governo eletrônico.

3.2.1 Na regulação dos meios de pagamento eletrônicos

Em 2005 o Bacen publicou a primeira edição do diagnóstico do sistema de pagamentos de varejo, pelo qual analisou o modo como os instrumentos eletrônicos de pagamento poderiam modernizar os pagamentos do varejo, com vistas à obtenção de maior eficiência econômica. Dentre os aspectos abordados figurou aquele da interoperabilidade, especialmente o da "interoperabilidade dos canais de distribuição dos instrumentos de pagamento (redes de ATM - *Automated Teller Machine* e POS – *Point of Sale*)". A conclusão do estudo foi de que há baixa interoperabilidade de caixas eletrônicos e terminais de aceitação e, também, de sistemas de liquidação.

A comparação do Brasil com os Estados Unidos e alguns países europeus levou à conclusão, entre outras, de que o nível de interoperabilidade entre caixas eletrônicos e terminais de aceitação de cartões era baixo: "O baixo grau de cooperação existente entre os diversos prestadores de serviços de pagamento no desenvolvimento e na operação de redes compartilhadas e interoperáveis

---

[27] "Os servidores DNS (Domain Name System, ou sistema de nomes de domínios) são os responsáveis por localizar e traduzir para números IP os endereços dos sites que digitamos nos navegadores" (CIPOLI, 2017).
[28] "A ICANN, Internet Corporation for Assigned Names and Numbers (órgão mundial responsável por estabelecer regras do uso da Internet), é uma entidade sem fins lucrativos e de âmbito internacional, responsável pela distribuição de números de 'protocolo de internet' (IP), pela designação de identificações de protocolo, pelo controle do sistema de nomes de domínios de primeiro nível com códigos genéricos (gTLD) e de países (ccTLD) e com funções de administração central da rede de servidores. Esses serviços eram originalmente prestados mediante contrato com o governo dos EUA, pela Internet Assigned Numbers Authority (IANA) e outras entidades. A ICANN hoje cumpre a função da IANA. [...] A ICANN é responsável por coordenar o controle dos elementos técnicos do DNS que garantem a 'resolução universal', que ajuda os usuários da internet a encontrar qualquer endereço válido. Isso é realizado por meio da supervisão da distribuição das identificações exclusivas usadas nas operações da internet e da distribuição de nomes de domínio de primeiro nível (como .com, .info, etc.). [...] Com a implementação do IPv6, o novo protocolo de numeração dos endereços IP, a interoperabilidade global da rede continua sendo a missão principal da ICANN" (INTERNET CORPORATION FOR ASSIGNED NAMES AND NUMBERS, 2017).

para pagamentos de varejo é outro ponto importante apontado nesse trabalho" (BANCO CENTRAL DO BRASIL, 2005, p. 11).

O Bacen destacou, então, a falta de interoperabilidade entre as redes e os diferentes terminais de aceitação. Àquela altura, conforme mencionado no primeiro capítulo, os cartões da bandeira Visa eram aceitos com exclusividade em terminais da Visanet e os cartões da Mastercard, na prática, eram aceitos somente em terminais da Redecard. O diagnóstico apontou, ainda, a necessidade de compartilhamento das infraestruturas de aceitação e, também, das estruturas de liquidação para alcançar maior eficiência:

> Fundamentalmente, foi observado que a baixa cooperação entre instituições financeiras, prestadores de serviços de pagamento, e sistemas de liquidação, com diversas estruturas de governança, gera um arranjo fragmentado, que não aproveita as economias de escala, presentes nos serviços de rede que essas infra-estruturas oferecem. (BANCO CENTRAL DO BRASIL, 2005, p. 12).

Ainda em 2006, como mencionado no primeiro capítulo, o BIS havia publicado a orientação geral para desenvolvimento de sistemas nacionais de pagamentos. Uma das orientações foi a de ampliar a oferta dos serviços de pagamentos de varejo. Para tanto, o BIS indicou o aumento da interoperabilidade entre terminais de aceitação como uma forma de ampliar a oferta dos serviços: "As iniciativas de desenvolvimento nos sistemas de pagamentos de varejo poderiam ter o objetivo de: [...] aumentar a interoperabilidade entre as redes de transações a partir do ponto-de-venda, principalmente as redes de ATM e de PDV" (BANK FOR INTERNATIONAL SETTLEMENTS, 2006, p. 44).

Além da orientação, o BIS indica quais medidas, na prática, deveriam ser adotadas para o desenvolvimento na infraestrutura de pagamento, em especial para a interoperabilidade de redes de autoatendimento bancário, de terminais de aceitação e de compensação e liquidação de pagamentos de varejo. As recomendações englobam, basicamente: padronização de processos e de equipamentos, interconexão e compartilhamento.

Quadro 2 – Orientações sobre iniciativas de desenvolvimento na infraestrutura de pagamento.

Quadro 17
Iniciativas de desenvolvimento na infra-estrutura de pagamento

Infra-estruturas de processamento de transações padronizadas e automatizadas: as redes eletrônicas de comunicação, tais como aquelas para os vários tipos de cartão de pagamento, tele-banco e pagamentos por intermédio da internet, permitem aos clientes a iniciação e a autorização em tempo real dos pagamentos de varejo. Iniciativas comuns para o desenvolvimento dessas redes incluem:

(i) a criação de processos-padrões para o tratamento de instrumentos de pagamento baseados em papel;

(ii) a introdução de redes de processamento de pagamentos eletrônicos que reduzam custos para os usuários; e

(iii) a introdução de tecnologias e processos para digitalização de imagem de instrumentos de pagamentos baseados em papel, para sua compensação e liquidação eletrônica.

Interoperabilidade entre infra-estruturas de processamento de pagamentos: a interoperabilidade ou consolidação da infra-estrutura de processamento de pagamentos pode propiciar economias de escala e de escopo e reduzir os custos para os usuários com:

(i) a adoção de padrões comuns em todas as redes, para os instrumentos, para a transmissão e para a segurança da comunicação;

(ii) a facilitação da interconexão entre redes proprietárias, notavelmente no caso de redes de ATMs e PDVs; e

(iii) a adoção de equipamentos comuns e programas-padrões para permitir interoperabilidade no ponto de venda (ATMs, leitoras de cartão, conectores à internet) entre redes que competem entre si.

Infra-estruturas interoperáveis e automatizadas para compensação e liquidação de pagamentos de varejo: esse objetivo pode ser atingido por tecnologia da informação interconectada, bem como, freqüentemente, por intermédio de centralização ou consolidação de fato dos arranjos existentes. Iniciativas comuns para desenvolver esses arranjos de infra-estrutura incluem:

(i) o estabelecimento de câmaras de compensação automáticas em âmbito regional ou nacional, para aumentar a velocidade e a confiabilidade dos pagamentos de varejo; e

(ii) a interoperabilidade ou centralização da compensação e liquidação interbancária ou entre agências, por intermédio de centros regionais ou nacionais.

Fonte: Bank for International Settlements (2006, p. 45).

O Relatório sobre a indústria de cartões de pagamentos, de 2006, também ressaltou a falta de interoperabilidade na rede de aceitação de cartões e nos serviços de rede para captura e processamento de transações (BANCO CENTRAL DO BRASIL et al., 2010, p. 4). Essa falta de interoperabilidade, segundo o Bacen, criava uma barreira de entrada, devido ao alto grau de verticalização existente nessa atividade (BANCO CENTRAL DO BRASIL et al., 2010, p. 9). Tendo concluído pela necessidade de adoção da interoperabilidade como medida para eliminar as barreiras de entrada, o Bacen indicou a importância de interoperabilidade entre bandeiras e credenciadoras para o fomento da concorrência e a redução de custos (BANCO CENTRAL DO BRASIL et al., 2010, p. 141). Como mencionado no primeiro capítulo, a partir do ano de 2010 as maiores bandeiras passaram a ser aceitas de forma múltipla pelas principais credenciadoras brasileiras. Assim, um mesmo terminal poderia aceitar cartões de bandeiras concorrentes, o que significa dizer que as redes de pagamento passaram a interoperar com equipamentos de diferentes empresas concorrentes.

Em nova recomendação sobre a regulação dos sistemas de pagamento, o BIS ressaltou que a interoperabilidade pode aumentar os riscos nos meios de pagamento eletrônicos e destacou a importância de os bancos centrais equilibrarem a interoperabilidade e o risco ao incentivarem a entrada de novos participantes:

Principais desafios
  • A interoperabilidade como objetivo de política pode ser considerada necessária para criar acesso ao mercado aberto para PSPs [prestadores de serviços de pagamento]. No entanto, esse objetivo pode aumentar os riscos gerais se um prestador de serviços inovador tiver um perfil de risco mais elevado. Equilibrar a interoperabilidade e o risco é o principal desafio para os bancos centrais.

  • As pressões estão a aumentar para a padronização tanto em nível mundial como doméstico, em especial para os padrões técnicos subjacentes. Para os bancos centrais, o desafio é garantir um nível adequado de envolvimento em tais

[29] No original em inglês: "6.3 Interoperability and interconnectivity between different payment systems [...] To foster efficiency, central banks promote the interoperability of different retail payment systems by opening up the markets to newcomers. To facilitate the dialogue between different stakeholders, central banks might participate in different forums and interest groups, organize meetings with stakeholders or publish policy messages. Main challenges • Interoperability as a policy goal might be considered necessary to create open market access for PSPs. However, this aim might increase overall risks if an innovative service provider has a higher risk profile. To balance interoperability and risk is the main challenge for central banks. • Pressures are mounting for standardization on a global as well as domestic level, in particular for underlying technical standards. For central banks, the challenge is to ensure an appropriate level of involvement in such activities".

atividades. (BANK FOR INTERNATIONAL SETTLEMENTS, 2012, p. 54, tradução livre, grifo da autora)[29].

É nesse contexto que a Lei nº 12.685, marco legal da regulação dos meios de pagamento eletrônicos, incluiu a interoperabilidade como um dos princípios a serem seguidos pelos arranjos de pagamento. O que o regulador busca com a obrigatoriedade da interoperabilidade é ampliar a concorrência e aumentar a eficiência dos pagamentos eletrônicos. Isso porque, quando todos os atores interoperam, pode haver ganho de escala e maior oferta de produtos similares aos consumidores — efeito esse chamado de "comoditização". É do Bacen a competência para dispor sobre a interoperabilidade entre participantes de um mesmo arranjo e entre diferentes arranjos de pagamento:

> Art. 7º Os arranjos de pagamento e as instituições de pagamento observarão os seguintes princípios, conforme parâmetros a serem estabelecidos pelo Banco Central do Brasil, observadas as diretrizes do Conselho Monetário Nacional:
> I - interoperabilidade ao arranjo de pagamento e entre arranjos de pagamento distintos; [...]
> Art. 9º Compete ao Banco Central do Brasil, conforme diretrizes estabelecidas pelo Conselho Monetário Nacional: [...]
> § 2º O Banco Central do Brasil, respeitadas as diretrizes estabelecidas pelo Conselho Monetário Nacional, poderá dispor sobre critérios de interoperabilidade ao arranjo de pagamento ou entre arranjos de pagamento distintos.

O Bacen determinou, assim, por meio da Circular nº 3.682/2013, que os instituintes de arranjos de pagamento deveriam estabelecer procedimentos para contemplar a interoperabilidade:

Art. 4º O instituidor de arranjo fica obrigado a estabelecer procedimentos que contemplem os seguintes assuntos: [...] VI - interoperabilidade entre os participantes do arranjo; e VII - interoperabilidade com outros arranjos de pagamento, incluindo a previsão de transferência de recursos para outros arranjos de pagamento. [...]

§ 4º A interoperabilidade entre arranjos de pagamento deve ocorrer com base em acordos que prevejam os direitos e as obrigações entre os instituidores dos arranjos envolvidos.

§ 5º Em caso de interoperabilidade entre um arranjo integrante do SPB e outro não integrante, cabe ao instituidor do primeiro garantir que o segundo cumpra, no mínimo, as obrigações de que tratam os incisos I, II, alíneas "a", "c" e "d", III e IV do caput.

Na regulamentação da mesma Circular nº 3.682/2013, o Bacen trouxe a definição de interoperabilidade no contexto do SPB e definiu regras aplicáveis à interoperabilidade:

Art. 2º Para os efeitos deste Regulamento, as expressões e termos relacionados são definidos como segue: [...] III - interoperabilidade entre arranjos: mecanismo que viabilize, por meio de regras, procedimentos e tecnologias compatíveis, o fluxo de recursos entre diferentes arranjos de pagamento; IV - interoperabilidade entre participantes de um mesmo arranjo: mecanismo que viabilize, por meio de regras, procedimentos e tecnologias compatíveis, que as diferentes participantes de um mesmo arranjo se relacionem de forma não discriminatória; [...] Art. 28. As regras de interoperabilidade entre arranjos ou no âmbito de um mesmo arranjo devem garantir que o usuário final possa utilizar uma única conta de depósito à vista ou de pagamento para a realização de transações de pagamento.

§ 1º É vedada a diferenciação de tratamento entre as transações de pagamento realizadas no âmbito da interoperabilidade entre participantes de um mesmo arranjo ou entre participantes de arranjos distintos.

§ 2º Diferenças entre transações internas e interoperadas podem ser aceitas pelo Banco Central do Brasil em função de diferenças em modelos de negócios envolvidos no provimento de serviços de pagamento pelos distintos arranjos integrantes do SPB.

Em 2015, como resultado de discussões entre o regulador e os atores do mercado de pagamentos eletrônicos, sobreveio a Circular BCB nº 3.765, pela qual o Bacen esclareceu o conceito e as condições da interoperabilidade. Em seu sítio eletrônico, no capítulo de perguntas frequentes, o Bacen esclarece que não estabeleceu um modelo único de interoperabilidade em respeito à diversidade dos modelos de negócio e aponta o tratamento dado à interoperabilidade:

23. Como será tratado pelo Banco Central o tema da interoperabilidade entre arranjos de pagamento?
A Lei, de 9 de outubro de 2013, estabelece que a interoperabilidade é um dos objetivos a serem perseguidos, tendo como foco a promoção da eficiência e do acesso não discriminatório aos serviços e infraestruturas necessários ao funcionamento dos arranjos de pagamento. Porém, **tendo em vista a diversidade dos modelos de negócios, o Banco Central não estabeleceu um modelo único de interoperabilidade.**
Um dos pontos que as normas do Banco Central deixam claro é que os acordos de interoperabilidade devem prever a

possibilidade de os usuários finais utilizarem uma única conta de depósitos à vista ou de pagamento para realizar pagamentos para usuários de outros arranjos.

Outro ponto já tratado diz respeito à **não discriminação** nos acordos de interoperabilidade, isto é, os contratos de interoperabilidade firmados por instituidores de arranjos de pagamento devem observar condições semelhantes – sejam elas técnicas ou negociais – para situações semelhantes, respeitando a racionalidade econômica da operação e atendendo aos princípios da proporcionalidade e da razoabilidade. (BANCO CENTRAL DO BRASIL, 2017f, grifo da autora).

No entanto, como visto, o conceito de interoperabilidade no âmbito dos arranjos de pagamento é limitado a mecanismos que, "por meio de regras, procedimentos e tecnologias compatíveis", viabilizem o fluxo de recursos entre diferentes arranjos de pagamento ou o relacionamento entre diferentes participantes de um mesmo arranjo. Portanto, **a interoperabilidade nos termos da regulação dos pagamentos eletrônicos está adstrita àquela entre fluxos de pagamento.**

Em 26 de março de 2018 foi publicada a Circular n. 3.886, que altera a Circular n. 3.682, que acrescentou ao art. 40 do Regulamento Anexo à Circular 3.682 o item VII. Com a alteração, o conceito de interoperabilidade foi flexibilizado já que só cabe sua inclusão do regulamento o arranjo de **quando aplicável**. Assim, a previsão quanto à interoperabilidade depende de sua compatibilidade com o modelo de negócio do arranjo de pagamentos. Esta alteração representa um avanço pois, como mencionado a interoperabilidade nem sempre é benéfica e depende do contexto. Assim, a interoperabilidade deixa de ser uma obrigação universal para ser adotada quando compatível ou cabível apenas.

A interoperabilidade é parte do código genético dos meios de pagamento eletrônicos. Como esclarecido nos capítulos anteriores, a rede de pagamentos nasceu da conjunção de diferentes atores com objetivo comum, para atuarem de forma coordenada e cooperada. A interoperabilidade nos meios de pagamento é evidenciada tanto pela atuação conjunta dos atores como pela adoção de padrões e regras que regem tal sistema.

Já o princípio da interoperabilidade, previsto na regulação, tem sido objeto das mais variadas interpretações, segundo os interesses de cada ator que pretende adotar a interoperabilidade. Por exemplo: a interoperabilidade entre arranjos de pagamento deve observar suas regras, e não criar uma figura sujeita a apenas parte de suas regras. De outro lado, os facilitadores de pagamentos, ou subcredenciadoras, se intitulam como arranjos de pagamento e querem interoperar com outros arranjos, flexibilizando regras destes.

Portanto, há disputa sobre o próprio conceito de interoperabilidade no âmbito dos arranjos de pagamento, na tentativa de estender — ou até distorcer — a definição trazida pelo regulador segundo o interesse do intérprete. A controvérsia reside principalmente na aplicabilidade das regras dos arranjos de pagamento quando a interoperabilidade é inter-arranjos.

O conceito trazido pela regulação — que se limita a definir qual interoperabilidade ocorre no fluxo de pagamento — não impõe cessão de propriedade intelectual, tampouco significa isenção ou independência das regras. Como o regulador não menciona que tipo de tecnologia ou de modelo de negócios visa a abarcar com este conceito, a interpretação fica limitada aos exemplos do passado e a uma tentativa de identificação das possibilidades de aplicação futura da interoperabilidade nos meios de pagamentos. A propósito, talvez o regulador tenha deixado de prever tais possibilidades diante da dificuldade de antever futuras aplicações. De outro lado, a utilização de um conceito aberto possibilidade o enquadramento de novas tecnologias no âmbito da regulação sedimentada.

A seguir, ao tratar da interoperabilidade nos arranjos de pagamento, são abordados os diversos entendimentos quanto ao conceito trazido pela regulação brasileira, assim como as zonas de controvérsia ou conflito entre tais interpretações.

3.3.1 Padronização

A padronização é uma forma de viabilizar a interoperabilidade, mas não é o mesmo que interoperabilidade, tampouco que uniformização. Padronizar significa criar padrões comuns, que podem ser aplicados por diversas empresas. A utilização de padrões é uma forma de se conseguir a interoperabilidade entre diferentes equipamentos e sistemas. A padronização permite o aumento da interação entre diversos atores e não importa na eliminação de diferenças e de diversidade.

A Organização Internacional para Padronização (ISO, sigla em inglês para International Organization for Standardization) define padrões como especificações mundiais: "Os padrões internacionais fazem com que as coisas funcionem. Eles fornecem especificações de classe mundial para produtos, serviços e sistemas, para garantir qualidade, segurança e eficiência" (INTERNATIONAL ORGANIZATION FOR STANDARDIZATION, 2017a, tradução livre)[30]. Há diversos documentos de padronização a ISO a respeito de cartões, a exemplo do sistema de numeração dos cartões de pagamento (primary account number - PAN) (INTERNATIONAL ORGANIZATION FOR STANDARDIZATION, 2017b).

---

[30] No original em inglês: "International Standards make things work. They give world-class specifications for products, services and systems, to ensure quality, safety and efficiency".

Como visto no primeiro capítulo, houve a necessidade da adoção de padrões entre as diversas empresas que atuavam nas redes de cartões de pagamento a fim de garantir o seu adequado funcionamento. Com o objetivo de estabelecer procedimentos e criar padrões, surgiram as associações de bancos que, mais tarde, se transformaram nas atuais configurações de Visa e Mastercard. Pode-se dizer que a padronização e a cooperação são as bases do código genético dos sistemas de pagamento.

Em 1999 as maiores bandeiras — Europay, Mastercard e Visa — criaram a EMVCo, uma empresa cujo principal objetivo é criar padrões que assegurem a interoperabilidade e a aceitação de cartões de pagamento (EMVCO, 2017). A EMVCo criou, por exemplo, o padrão dos *chips* dos cartões de pagamento. Os cartões de pagamento por aproximação (contactless) também evidenciam a padronização da tecnologia de pagamento. Essa padronização na tecnologia dos cartões e dos terminais permite a interoperabilidade entre cartões emitidos por diversos emissores com terminais desenvolvidos por diversas credenciadoras.

A ISO é uma organização internacional não governamental e independente criada em 1947 para unificar padrões internacionais com vistas a facilitar o comércio internacional (INTERNATIONAL ORGANIZATION FOR STANDARDIZATION, 2017a). A ISO desenvolveu diversos protocolos de padronização para cartões de pagamento, a exemplo dos padrões de segurança para tarjas magnéticas de cartões.

O Bacen reconheceu a importância do estabelecimento de padrões por organizações como a ISO, especialmente no que diz respeito à redução de custos para o desenvolvimento de soluções de adoção internacional:

A adoção de padrões e procedimentos de comunicação internacionais, como aqueles estabelecidos pela International Organization for Standardization (ISO), promove a eficiência do SPB, ao facilitar a interoperabilidade entre as diversas infraestruturas e destas com seus participantes, ainda que atuem em várias jurisdições, diminuindo os custos de entrada, tanto para participantes que já utilizam esses padrões em outras jurisdições, quanto para novos participantes, que podem encontrar soluções de prateleira que ofereçam esses padrões. (BANCO CENTRAL DO BRASIL, 2014d, p. 24).

Outro exemplo de padronização ou de uniformização nos arranjos de pagamento é a adoção, por força da regulamentação, da liquidação centralizada em infraestrutura única. Considerando que hoje a CIP é a única câmara de liquidação autorizada a liquidar as transações de pagamento eletrônico, significa dizer que a liquidação centralizada na CIP é, hoje, o padrão escolhido e adotado pelo regulador. É importante ressaltar, pois, que não há vedação legal a que outra câmara de liquidação ofereça os mesmos serviços que aqueles da CIP, desde que cada arranjo de pagamento adote a liquidação centralizada em câmera única e de acordo com as regras contidas na regulação.

Quando o regulador indica um sistema como o melhor a ser adotado — ainda que indiretamente, por ser o único a se enquadrar nos requisitos — está a declarar um vencedor na corrida concorrencial. A indicação daquela que é tida como melhor tecnologia pode trazer ganhos de eficiência, mas também é arriscada, porque pode conduzir ao aprisionamento a uma tecnologia subótima (GASSER; PALFREY, 2012, p. 170). A padronização, portanto, é uma ferramenta que pode proporcionar a interoperabilidade, sob o risco, no entanto, da eliminação da diversidade.

A obrigação para que empresas concorrentes interoperem não significa, automaticamente, o aumento da interoperabilidade, a redução de custos ou o benefício do consumidor. O aumento da interoperabilidade, por vezes, pode levar a situações anticoncorrenciais; em outras, à redução da inovação:

Os economistas que estudaram essa questão muitas vezes argumentam que o aumento da interoperabilidade é susceptível de promover a concorrência e a inovação, reduzindo os efeitos de bloqueio (em muitos casos, embora não em todos) e reduzindo as barreiras de entrada no mercado. Dito isso, embora uma maior interoperabilidade seja geralmente boa para conclusão e inovação, a história fica muito mais complicada à medida que aprofundamos isso em maior detalhe. **A interoperabilidade às vezes não leva a mais concorrência, mas sim a situações anticompetitivas. Imagine duas empresas de tecnologia da informação muito grandes que decidem trabalhar em conjunto para tornar seu software interoperável com os sistemas uns dos outros, mas não com os de outros concorrentes. [...] Nesse exemplo, o grau de interoperabilidade no mercado aumentou, mas o grau de concorrência diminuiu.** (GASSER; PALFREY, 2012, p. 89, tradução livre, grifos da autora)[31].

Um exemplo de interoperabilidade que leva a situação anticoncorrencial é o compartilhamento de chaves criptográficas de *pinpads*, que pode ser identificado nas análises realizadas pelo Cade no âmbito do Inquérito Administrativo nº 08700.001861/2016-03, o qual culminou na celebração de TCC pelo Itaú Unibanco S/A e suas controladas, Rede S/A e Hipercard[32]. No referido inquérito,

---

[31] No original em inglês: "Economists who have studied this issue often argue that increased interoperability is likely to foster competition and innovation by reducing lock-in effects (in many, though not all, cases) and by lowering market entry barriers. That said, although more interoperability is generally good for completion and innovation, the story gets much more complicated as we delve into it in greater detail. Interoperability sometimes leads not to more competition but, instead, to anticompetitive situations. Imagine two very large information technology companies that decide to work together to make their software interoperable with one another's systems but not with those of other competitors. [...] In this example, the degree of interoperability in the marketplace has gone up, but the degree of competition has gone down. There is a second wrinkle to the general rule that interop breeds competition. Even in the general case where more interoperability leads to more competition in the market, the net effect is not always maximum innovation. According to one strand of economic theory, firms may have an even stronger incentive to be innovative in circumstances where low levels of interoperability promise high profits to any company that beats all its other competitors soundly".

[32] "*Pinpads* são equipamentos de captura de transações com cartões eletrônicos que permitem a convivência, em uma mesma máquina, de várias credenciadoras." (CONSELHO ADMINISTRATIVO DE DEFESA ECONÔMICA, 2017).

o Cade apurou que a Rede e sua principal concorrente, a Cielo, inseriam chaves criptográficas em seus terminais de adquirência de maneira recíproca e "se recusam a dar esse mesmo acesso às credenciadoras concorrentes de menor porte, dificultando a entrada e o desenvolvimento desses agentes no mercado" (CONSELHO ADMINISTRATIVO DE DEFESA ECONÔMICA, 2017). Com a assinatura do TCC, a Rede se comprometeu a dar acesso a seus concorrentes em seus *pinpads*, contanto que a outra credenciadora também desse o mesmo acesso. Como resultado, as credenciadoras passaram a solicitar aos seus fornecedores de *pinpads* ou aos seus prestadores de serviços para *pinpads*, conforme o caso, a inserção do mapa de chaves criptográficas.

3.3.2 Interoperabilidade entre participantes de um mesmo arranjo

Nos arranjos de pagamento, a interoperabilidade pode ocorrer entre seus participantes. Conforme o artigo 2º, IV, do Regulamento Anexo à Circular Bacen nº 3.682/2013, a interoperabilidade entre participantes de um mesmo arranjo corresponde ao "mecanismo que viabilize, por meio de regras, procedimentos e tecnologias compatíveis, que as diferentes participantes de um mesmo arranjo se relacionem de forma não discriminatória". Como abordado no segundo capítulo, são participantes dos arranjos de pagamento as instituições financeiras e as instituições de pagamento que atuam na emissão de instrumentos de pagamento e no credenciamento de estabelecimentos comerciais; os prestadores de serviços de rede; e as instituições domicílio. A interoperabilidade entre os participantes de um arranjo de pagamento é regida pelo regulamento de cada arranjo, o qual deve: prever os mecanismos de interoperabilidade entre os participantes do arranjo e com outros arranjos, incluindo a previsão de transferência de recursos entre eles, assim como estabelecer as regras e os procedimentos não discriminatórios de interoperabilidade e a remuneração aplicável (art. 17 e 29 do Regulamento Anexo à Circular Bacen nº 3.682/2013).

A interoperatividade entre os participantes de um arranjo de pagamento e o instituidor são a essência e a razão do nascimento desses sistemas. Se não fosse a interação entre emissor, credenciadora e bandeira, não haveria pagamento eletrônico. Por tal razão, é possível afirmar que a interoperatividade é componente do código genético dos sistemas de pagamento.

O fim da exclusividade de adquirência — tanto da Visanet e da Redecard com Visa e Mastercard, respectivamente, em 2010 como da Cielo com a Amex em 2017 — é exemplo de sucesso da interoperabilidade nos meios de pagamento eletrônicos. Outro exemplo é a multiplicidade de emissores sob um mesmo arranjo de pagamento. Ao destacar a possibilidade de interoperabilidade entre participantes de um mesmo arranjo de pagamento, o regulador está, em verdade, a demandar a interoperatividade de outras maneiras que não aquelas clássicas ou óbvias que atualmente já ocorrem. O exemplo desse novo tipo de interoperabilidade vem do próprio regulador:

> A respeito da interoperabilidade entre participantes de um mesmo arranjo, merece destaque o dispositivo que exige que as regras e os procedimentos que a disciplinam contemplem todas as relações existentes entre as diferentes modalidades de participação tratadas pelo arranjo, o que inclui a interoperabilidade entre credenciadores e prestadores de serviço de rede. (BANCO CENTRAL DO BRASIL, 2016e, p. 9).

Logo, com base no esclarecimento do Bacen, conclui-se que há interoperabilidade dentro de um mesmo arranjo, no sentido da regulação, quando, por exemplo, alguém usa um cartão de crédito da Visa ou Mastercard para pôr crédito em sua carteira de moeda eletrônica de um emissor participante.

Outro exemplo decorre das atividades de credenciamento e adquirência. Como mencionado no segundo capítulo, houve, na regulação, a cisão dos conceitos de credenciadora e adquirente. A atividade de credenciamento deve ser realizada por instituições de pagamento, que podem também atuar na adquirência das transações (full acquirers). No entanto, podem optar por realizar, somente, a atividade de credenciamento, ficando a cargo dos prestadores de serviço de rede a atividade de adquirência. É uma situação em que dois atores operariam em conjunto, de forma coordenada, em atividade que hoje é unificada em apenas uma entidade. Portanto, a atuação de vários prestadores de serviço de rede na atividade de adquirência para diferentes credenciadoras é um exemplo de interoperabilidade entre participantes de um mesmo arranjo.

Mais uma hipótese de interoperabilidade entre participantes de um mesmo arranjo possibilitado pela regulação é a interoperabilidade entre intuições domicílio e credenciadoras, por meio da grade única de liquidação. A participação das intuições domicílio tem por objetivo pôr fim à preferência de domicílio bancário, permitindo que o estabelecimento comercial receba os pagamentos em conta bancária diversa daquela recomendada pela credenciadora.

A interoperabilidade entre participantes de um mesmo arranjo deve, novamente, ser pautada no princípio da não discriminação. A discriminação que pode ocorrer neste contexto pode se dar em um mesmo elo da rede ou em diferentes elos. A título de exemplo, há discriminação em um mesmo elo quando uma credenciadora impõe condições diferenciadas (taxas, requisitos etc.) para aceitação e de cartões emitidos por diferentes instituições de pagamento participantes do arranjo; já a discriminação em diferentes elos pode ocorrer quando uma credenciadora impõe condições diferenciadas para liquidação de transações de uma instituição domicílio.

Portanto, a interoperabilidade entre participantes de um mesmo arranjo de pagamento é capaz de viabilizar novas formas de interação entre tais participantes, de modo a interoperar no fluxo de pagamentos.

3.3.3 Interoperabilidade entre arranjos e pagamento

Segundo o artigo 2º, III, do Regulamento Anexo à Circular Bacen nº 3.682/2013, a interoperabilidade entre arranjos de pagamento é o "mecanismo que viabilize, por meio de regras, procedimentos e tecnologias compatíveis, o fluxo de recursos entre diferentes arranjos de pagamento".

Esse conceito traz importante diferencial: o regulador entende que somente o fluxo de recursos caracteriza a interoperabilidade entre arranjos de pagamento. Se dois arranjos forem interconectados para trocar somente dados, por exemplo, sem fluxo financeiro, não há interoperabilidade no sentido da regulação. Eventual troca de dados, portanto, deve ser feita com o objetivo de viabilizar o fluxo de recursos entre os arranjos de pagamento que interoperam. A propósito da troca de dados entre arranjos, o Bacen ressaltou a necessidade de adoção de medidas prudenciais para proporcionar transparência e resguardar o sigilo e a segurança dos dados:

> Por seu turno, arranjos de moeda eletrônica que interoperem com outros arranjos podem estar sujeitos a cláusulas contratuais de interoperabilidade que tratem, por exemplo, **da troca de informações e dos requisitos de segurança para essa troca**, de forma a

garantir, do ponto de vista consumerista, transparência aos usuários finais e, do ponto de vista prudencial, capacidade de proteção ao sigilo das transações e de adoção de medidas para prevenção à lavagem de dinheiro. (BANCO CENTRAL DO BRASIL, 2015b, p. 14, grifo da autora).

Outra questão é que, quando dois arranjos de pagamento interoperam, um não pode condicionar a interoperabilidade do outro à participação do primeiro como seu licenciado. O Bacen esclareceu que é esse o caso do fluxo financeiro quando o portador de um cartão de crédito o utiliza para carregar saldo em um cartão pré-pago ou um moedeiro eletrônico:

> Por sua vez, a interoperabilidade entre arranjos também deve ser garantida. Emissores de moeda eletrônica de arranjos que interoperam com determinado arranjo de cartão de crédito não são participantes do arranjo de cartões.
>
> Assim, cessam as obrigações do instituidor do arranjo de cartão de crédito no momento em que ele disponibiliza os recursos para o emissor de moeda eletrônica escolhido pelo usuário final recebedor, ficando as etapas restantes da transação de pagamento sujeitas às regras do arranjo do qual participa o emissor de moeda eletrônica. (BANCO CENTRAL DO BRASIL, 2015b, p. 14).

Se a bandeira A e B interoperam, a bandeira A não pode exigir que a bandeira B seja sua licenciada como condicionante da interoperabilidade: "A Circular [3.765] também esclarece que a exigência de participação não pode ser oferecida como a única forma de interoperabilidade de um arranjo em outro arranjo" (BANCO

---

[33] "Nesse sentido, a Circular [3.765] deixa claro que a interoperabilidade deve ter como objetivo possibilitar que um usuário pague ou receba pagamentos a partir de uma única conta, seja ela de depósitos à vista ou de pagamento."

CENTRAL DO BRASIL, 2016f, p. 9). Embora não possa exigir como única forma de interoperabilidade, as partes podem definir a participação como uma forma adicional de interoperabilidade.

Uma hipótese de interoperabilidade entre arranjos seria a utilização de cartão emitido por participante da bandeira A em terminal de aceitação de credenciadora participante do arranjo da bandeira B somente, utilizando ambas as redes, de forma interconectada, com o consequente fluxo de recursos entre os participantes das duas redes.

O Bacen esclareceu que o seu objetivo é que, pela interoperabilidade, o usuário final — quem paga e quem recebe — possa usar apenas uma conta para o pagamento (BANCO CENTRAL DO BRASIL, 2016e, p. 9)[33]. Significa dizer que o usuário poderia pagar: com apenas uma conta corrente e seu cartão de débito; com apenas um cartão de crédito; ou, ainda, com apenas um cartão pré-pago. De outro lado, o estabelecimento comercial poderá receber o pagamento com somente uma conta bancária ou uma conta de pagamento.

Em 21 de junho de 2018 foi encerrada a Consulta Pública n. 63/2018, pela qual o Bacen submeteu a comentários a proposta referente a interoperabilidade entre arranjos fechados e abertos. Pela redação proposta, arranjos fechados somente poderiam interoperar com arranjos abertos mediante a participação nestes últimos.

A alteração estaria justificada como uma reação à tentativa de utilizar acordos bilaterais para colocar em situação não-igualitária "manter determinado status quo ou estabelecer para essas instituições uma situação privilegiada em relação à dos demais participantes que realizam a mesma atividade (ou atividade muito semelhante) no âmbito do arranjo com que pretendem interoperar" (p. 2). A solução para evitar a utilização da interoperabilidade como forma de tratamento diferenciado entre arranjos fechados e participantes, concorrendo no âmbito de arranjos fechados, seria o condicionamento da interoperabilidade à participação.

Inicialmente, quanto às modalidades de interoperabilidade, haveria significativa modificação dos parâmetros consolidados a redação inicial do texto. No modelo atual, pode haver interoperabilidade dentro de um mesmo arranjo de pagamentos segundo as regras arranjo em questão ou entre diferentes arranjos, segundo regras a serem definidas em conjunto em acordos bilaterais. Pela nova redação, haveria interoperabilidade dentro de um mesmo arranjo de pagamentos entre participantes, incluindo eventuais arranjos de fechados; entre dois arranjos abertos ou entre dois arranjos fechados, mediante acordos bilaterais. Portanto, estaria eliminada a possibilidade de negociação de acordos bilaterais entre arranjo aberto e fechado, devendo prevalecer as regras do arranjo aberto. Em termos práticos, significa, por exemplo, que um arranjo de pagamentos fechado que exerce atividades similares a uma credenciadora e que buscava flexibilizar as regras de um arranjo aberto mediante interoperabilidade poderá, ainda, interoperar, desde que se torne participante do arranjo de pagamentos aberto e, assim, passe a seguir suas regras na íntegra.

As três primeiras impressões quanto ao texto sugerido pelo regulador são: a confirmação de que alguns atores buscaram a interoperabilidade como meio de distorcer a participação em busca de condições mais favoráveis o reconhecimento de que a participação em um arranjo de pagamentos aberto, por si só, já é uma forma de interoperabilidade e a importância das regras dos arranjos como forma de promover a igualdade entre os participantes de um arranjo de pagamentos.

As manifestações e sugestões apresentadas foram, majoritariamente, no sentido de rechaçar a redação proposta. De um lado, as manifestações corroboraram a intenção de flexibilização de regras das bandeiras e deixaram claro o objetivo de seguir com a possibilidade de celebração de acordos bilaterais entre arranjos abertos e fechados. Neste sentido, foi a manifestação da Camara.e-net, que destacou o impacto das regras como um limitador aos modelos de negócio menores:

> É evidente que a interoperabilidade, através de acordos bilaterais, é a forma **menos impactante ao modelo de negócio dos meios de pagamento menores** e mais prócompetitiva para o setor de pagamentos, sendo mais benéfica aos usuários, **na medida em que não há uma subordinação necessária das regras de um instituidor de arranjo às regras de outro instituidor concorrente.** Importante ressaltar ainda, que a interoperabilidade tem um potencial inestimável para a promoção da competição no setor, **sem restringir ou limitar as regras da indústria de cartões às regras exclusivas de poucas empresas.** (CÂMARA BRASILEIRA DE COMÉRCIO ELETRÔNICO, 2018, p. 3, grifo da autora)

Houve, portanto, as manifestações no sentido de que a subordinação às regras das bandeiras impactaria o negócio dos arranjos fechados que interoperam com os arranjos abertos. Entretanto, a atividade de tais arranjos fechado, em grande parte, surgiu e cresceu sob a participação de arranjos abertos e, portanto, sob suas regras. Ademais, tais regramentos não podem, como um todo, ser apontados como barreira à atividade de tais empresas, pois são sujeitas aos princípios da regulação e à aprovação do regulador. Neste sentido, a Visa destacou que as regras do arranjo são o instrumento capaz de garantir a não discriminação:

> Além das regras de participação estipuladas nos regulamentos dos Arranjos Abertos, que são públicas e sujeitas à prévia aprovação do BCB – que tem que avaliar o equilíbrio das relações entre o IAP e seus participantes para garantir que participantes não sejam discriminados ou prejudicados – o interesse da IAP aberta é garantir um maior número possível de participantes e, via de

consequência, uma maior número possível de transações. (VISA, 2018, p. 2, grifo da autora)

O descontentamento de alguns atores com relação às regras das bandeiras teria sido manifestado ao regulador, por atores que afirmaram que o "o modelo de participação, em seu entender, não atenderia aos respectivos modelos de negócio e de que forma o acordo bilateral específico se apresentaria como opção mais vantajosa" (BANCO CENTRAL DO BRASIL, 2018f, p. 2). É certo afirmar que a interoperabilidade deve ser comercialmente interessante a ambos os arranjos interoperantes pois, se não funcionar como via de mão dupla, com apropriação dos benefícios aos dois lados e adequada remuneração como retorno do investimento, não é isonômica. São justamente os acordos bilaterais os instrumentos capazes de permitir a proteção ao investimento de ambos os arranjos e, assim, não desestimulam a inovação.

Os acordos bilaterais podem ser benéficos a ambos as arranjos interoperantes se houver simetria. A este propósito, a AGEV – Associação de Gestão de Despesas de Veículos, em resposta à Consulta Pública n. 63/2018, a defendeu os acordos bilaterais entre arranjo de pagamento aberto e arranjo de pagamento fechado como forma de proteger sua solução inovadora de pagamentos (captura de dados por meio de anel implantado na saída do tanque de combustível dos veículos) sob um acordo de interoperabilidade. (ASSOCIAÇÃO DE GESTÃO DE DESPESAS DE VEÍCULOS, 2018, p. 1).

Destarte, a possibilidade de acordos bilaterais que respeitem os diferentes modelos de negócios e investimentos de seus instituidores é capaz de criar um ambiente favorável à inovação e à competição entre os diferentes arranjos. Neste sentido, a Fecomércio destaca que a coexistência de arranjos distintos viabiliza inovação e ganhos de eficiência, para a inclusão e para a concorrência:

Ao permitir o desenvolvimento de arranjos com distintas características, e exigir a coexistência operacional entre eles, são viabilizadas inovações aptas a gerar benefícios sociais adicionais em termos de eficiência, inclusão e concorrência. Numa perspectiva concorrencial, entendemos ser pouco producente estabelecer relações de subordinação entre agentes que podem ser concorrentes, limitando a liberdade de atuação de alguns em favor do modelo de atuação de outros. O resultado será desfavorável à dinâmica competitiva como um todo, que depende sempre da inovação e da capacidade de ação independente dos concorrentes. (FEDERAÇÃO DO COMÉRCIO DE BENS, SERVIÇOS E TURISMO DO ESTADO DE SÃO PAULO, 2018, p. 5, grifo da autora)

A interoperabilidade unilateral é uma negativa dos benefícios das externalidades de rede e dos ganhos de escala. Novamente, se o arranjo fechado exercer as mesmas atividades que o participante licenciado ao arranjo aberto, não faz sentido uma interoperabilidade unilateral que imite a participação. A Visa, a este respeito, também em resposta à Consulta Pública n. 63/2018, ressaltou que o tratamento de arranjos fechados interoperáveis como participantes de arranjos abertos pode levar a uma assimetria regulatória, logo, efeito contrário àquele pretendido pelo regulador:

A não participação poderia levar, também, a uma assimetria regulatória, uma vez que entidades com atividades semelhantes teriam tratamento regulatório muito distinto. Com isto, as instituições que operam modelos de negócio semelhrantes estariam sujeitas a regras distintas, o que, certamente, enfraqueceria a posição de um e de outro e, ainda, desincentivaria novas instituições a operarem no mercado. (VISA, 2018, p.1, grifo da autora).

A regulação já previa o tratamento não discriminatório pelo instituidor para com os participantes dos arranjos de pagamento. A questão é que, a fim de reduzir as regras a si aplicáveis, alguns atores que já participavam de arranjos passaram a pleitear acordos bilaterais. Tais acordos bilaterais, se concederem condições especiais a tais atores, em detrimento de participantes que realizam atividades similares, podem caracterizar tratamento não igualitário. Mas entre coibir o tratamento não-discriminatório e vedar acordos bilaterais de interoperabilidade há grande diferença.

A solução sugerida pela a Elo seria a de que o arranjo fechado somente participa do arranjo aberto quando suas atividades não se confundam com a de qualquer uma das modalidades de participação (ELO, 2018, p.4). Ainda que seja uma solução à não-igualdade de concorrentes atuando sobre tratamento regulatório diferente, ainda acabaria com os acordos bilaterais entre arranjos abertos e fechados.

Não se pode concluir que o modelo de interoperabilidade entre arranjos, por acordos bilaterais, por si, é inadequado. O risco apresentado por esta aplicação esticada do conceito de interoperabilidade, com o objetivo de reduzir regras aplicáveis, não deve ser mitigado com a eliminação da interoperabilidade entre arranjos abertos e fechados. A aplicação das regras de não discriminação, aliados à liberdade de modelo de negócios, deve ser suficiente a conduzir a acordos bilaterais que não importam em situações anticompetitivas ou ineficientes sob o aspecto do custo sociais.

Eventuais problemas de contratos bilaterais podem ser endereçados com a vigilância quanto ao cumprimento dos princípios previstos na regulação, assim como com a apuração de práticas anticoncorrenciais na forma da lei. Neste sentido, o Paypal, em resposta à Consulta Pública n. 63, sugere que o Bacen encontre outras formas de manter os acordos bilaterais, do contrário o condicionamento à participação "acabará com o conceito de interoperabilidade entre arranjos" (PAYPAL, 2018, p.7). O Mercado Pago, por sua vez, aduz que, se o objetivo era evitar acordos bilaterais para liquidação fora da CIP, o regulador deveria ter endereçado esta questão:

> Caso este D. Banco entenda que o instituidor de arranjo fechado optaria pela interoperabilidade "somente para o não enquadramento às regras de centralização na CIP", e que eventualmente isso poderia representar uma prática "discriminatória em relação aos participantes" (com o que não concordamos, considerando todas as obrigações e responsabilidades existentes na interoperabilidade e a relação de subordinação existente na participação), entendemos que a possível intervenção regulatória do **BACEN poderia ter caminhado para a criação de CIP-Interoperabilidade com o desenvolvimento de regras de centralização que atendam à modalidade de interoperabilidade** propriamente dita, bem como às características dos produtos inovadores e disruptivos que conferiram diferencial competitivo ao Mercado Pago, concedendo um prazo razoável de adequação dos instituidores, e não simplesmente a eliminação da estrutura de interoperabilidade, que entendemos ser essencial para a preservação da competição entre instituidores de arranjo.
> [...] Por outro lado, a possível intervenção regulatória deste D. Banco Central, proposta através da Consulta Pública nº 63/2018, que tem por objetivo **acabar com o verdadeiro conceito da interoperabilidade entre arranjos (denominada de modelo via "Acordos Bilaterais")**, [...]
> (MERCADOPAGO.COM, 2018, p. 4, 7, grifo da autora).

Na interoperabilidade entre arranjos de pagamento, os acordos bilaterais são necessários para definir e atribuir responsabilidades e distribuir riscos. Se dois arranjos - cada qual com suas regras – interoperam, é necessário definir de antemão quais regras aplicam para, por exemplo, chargeback, precificação, recompensas etc.

Os comentários à Consulta Pública n. 63 foram contrários à eliminação da interoperabilidade entre arranjos aberto e fechado por meio de acordos bilaterais, pelos diferentes motivos expostos. Entretanto, sob a redação atual que permite tais acordos, não foi firmado nenhum acordo de interoperabilidade entre arranjos abertos e fechados, como aponta a Abecs – "Vale notar, ainda, que durante as discussões internas na Abecs, os associados indicaram que até a presente data nenhum acordo de interoperabilidade foi firmado" (ASSOCIAÇÃO BRASILEIRA DAS EMPRESAS DE CARTÕES DE CRÉDITO E SERVIÇOS, 2018a, p. 2) – e a Visa – "passados quatro anos da edição da Circular 3682 e quase dois anos da conclusão do Grupo de Trabalho de Interoperabilidade [...], desconhecemos qualquer contrato de interoperabilidade que tenha sido assinado entre Instituidores de Arranjos de Pagamento."

Por certo, há que se ter em conta que a interoperabilidade entre arranjos foi uma inovação trazida pela regulação e que, diante da falta de uma definição clara de seu conceito, o mercado custou a adotar suas próprias interpretações. O fato de nenhum contrato de interoperabilidade ter sido até o momento demonstra que há disputa sobre qual é a extensão da interoperabilidade entre arranjos. As manifestações apresentadas à Consulta Pública n. 63, por sua vez, deixam claro que os atores desejam chegar a acordos bilaterais de interoperabilidade entre arranjos, mas que há tensões a serem resolvidas para que tais acordos sejam alcançados. O entendimento consolidado apresentado pela indústria é de que a interoperabilidade entre arranjos pode proporcionar a inovação e a competição desde que sejam garantidas condições isonômicas e sejam respeitados os investimentos e as condições que alicerçam cada modelo de negócio.

---

34 Como mencionado no primeiro capítulo, cabe ao instituidor do arranjo de pagamentos estabelecer procedimentos para: gerenciamento dos riscos dos participantes; aspectos operacionais mínimos a serem atendidos pelos participantes; fornecimento de informações e de instruções mínimas a serem prestadas pelas instituições participantes aos usuários finais dos serviços oferecidos; acompanhamento de fraudes em cada instituição participante; liquidação das transações entre as instituições participantes do arranjo; e interoperabilidade entre os participantes do arranjo e com outros arranjos de pagamento (art. 4º do Regulamento Anexo à Circular Bacen nº 3.682/2013).

Como anteriormente mencionado, a interoperabilidade tem sido objeto das mais variadas conceituações, segundo os interesses de cada ator que a pretende adotar. Alguns facilitadores de pagamentos, ou subcredenciadoras, se intitulam arranjos de pagamento e querem interoperar com outros arranjos. O objetivo, aparentemente, seria flexibilizar o seguimento das regras dos arranjos de pagamento — as regras de liquidação definidas por cada arranjo, por exemplo.

O fato é que os arranjos de pagamento estão obrigados a, quando aplicável, interoperar com outros arranjos na medida necessária para que ocorra o fluxo de recursos entre eles, observados os critérios de não discriminação. Os contratos de interoperabilidade podem ser negociados entre os arranjos de pagamento que pretendem operar a fim de distribuir entre estes as responsabilidades a eles atribuídas pela regulação[34]. No entanto, não há menção, na regulação, de que os arranjos são obrigados a flexibilizar as regras segundo as quais todos os seus participantes já operam, tampouco que devem interoperar gratuitamente.

Assim, um arranjo de pagamento pode se beneficiar da cobrança de tarifas pela interoperação com um arranjo concorrente. Outra vantagem aos arranjos que interoperam é a reciprocidade: o número de usuários finais (recebedores e pagadores) dos arranjos de pagamento que interoperam aumentam exponencialmente com a interoperabilidade.

Portanto, é possível concluir que o objetivo do regulador é que as redes de diferentes arranjos de pagamento se interconectem a fim de criar um fluxo de recursos entre usuários finais de cada uma dessas redes. No entanto, voltando à teoria da interoperabilidade, cabe ressaltar que o fato de haver uma ordem no sentido de

---

[35] No original em inglês: "Broadly speaking, we can distinguish between private-sector-led and government-led approached. It is only rarely the case that one single approach – say, for instance, cross-licensing of intellectual property between two private companies to make their systems work together properly – is sufficient to achieve higher interop across complex systems".

que duas empresas interoperem não significa que haverá mais interoperabilidade:

> Em termos gerais, podemos distinguir entre os líderes do setor privado e os dirigidos pelo governo. É raramente o caso em que uma única abordagem — digamos, por exemplo, o licenciamento cruzado de propriedade intelectual entre duas empresas privadas para que seus sistemas funcionem de forma adequada — é suficiente para conseguir maior interoperabilidade em sistemas complexos. (GASSER; PALFREY, 2012, p. 159-160, tradução livre)[35].

Há que se considerar qual é incentivo que as empresas têm para interoperar. Ao permitir que um terceiro use uma rede mais desenvolvida, é possível que se incentive o efeito carona, em que o novo entrante colhe os frutos do investimento feito por aquele que desenvolveu a rede. Outro aspecto a se investigar é de que forma a interoperabilidade entre redes diferentes pode ampliar os riscos já inerentes do sistema, ao aumentar os pontos de acesso e a complexidade do sistema. Esses pontos são abordados no próximo item.

3.3.4 Interoperabilidade, concorrência e inovação

A concorrência em mercados sujeitos a externalidades de rede, como o redes de pagamento eletrônico, tem características particulares e que levantam riscos diferenciados. Devido à externalidade de rede, a acesso à rede tem especial valor, de modo que a proteção à rede pode assumir contornos anticonrrenciais. Neste sentido:

[36] A inovação, para a Organização para Cooperação e Desenvolvimento Econômico, se dá pela utilização de novos conhecimentos ou um novo uso ou combinação de conhecimento existente, tendo por objetivo melhorar o desempenho de uma empresa, ganhando uma vantagem competitiva (ou simplesmente a manutenção da competitividade). (ORGANISATION FOR ECONOMIC CO-OPERATION AND DEVELO-PMENT, 2005, p. 4734-4735). Segundo Schumpeter, inovação — chamada por ele de "desenvolvimento" — é a introdução, no mercado, de novo bem, qualidade nova de um bem, novo método de produção ou comercialização, novo mercado, nova fonte de insumos ou nova organização da indústria (SCHUMPE-TER, 1961, p. 48-49).

Assim, fica evidente que a estrutura em rede de alguns mercados financeiros gera um padrão competitivo particular e cria preocupações antitrutes específicas. Em um ambiente onde a rede de usuários é o elemento fundamental, a busca de vantagens competitivas tende a se basear fortemente na construção e na defesa da rede; e é justamente sobre as condições em que o acesso de concorrentes deve ser permitido que serão travadas as principais disputas concorrenciais. (PEREIRA NETO; PRADO FILHO, 2008, p. 120).

A interoperabilidade importa, justamente, em dar acesso a uma rede às redes concorrentes, logo a interoperabilidade requer atenção aos riscos concorrenciais específicos das estruturas em rede. Como mencionado no tópico acerca dos benefícios da interoperabilidade, esta pode acarretar mais inovação e mais competitividade. De outro lado, pode também impactar a concorrência e a inovação[36] de formas negativas. Para iniciar esta análise, é abordado o caso Sun Microsystems versus Microsoft sobre a interoperabilidade com servidores do Windows.

A Microsoft e a Sun Microsystems travaram um dos maiores litígios acerca da interoperabilidade entre sistemas. A Microsoft desenvolveu o sistema operacional Windows e outros softwares que levaram a Microsoft à liderança de seu mercado. Outras empresas, inclusive concorrentes da Microsoft, desenvolveram softwares que interoperavam com o Windows, uma vez que o Windows era, em sua origem, o sistema operacional dominante (GASSER; PALFREY, 2012, p. 93-97). A Sun Microsystems pediu à Microsoft, em 1998, informações técnicas sobre o Windows, pois desejava desenvolver um sistema operacional para servidores de computador. A Microsoft negou o fornecimento das informações técnicas de seu produto à concorrente, o que desencadeou o ajuizamento de uma ação e a tomada de medidas pela Comissão Europeia. A controvérsia remetia à proteção intelectual dos códigos utilizados pela Microsoft no Windows. Em sua defesa, a Microsoft argumentou que a divulgação das informações de seus produtos aos concorrentes permitiria a violação da propriedade intelectual.

Entretanto, o regulador não aceitou tal argumento, rebatendo que somente a informação de gateway deveria ser divulgada, e não o código-fonte do produto:

> Os advogados da Microsoft argumentaram, entre outras coisas, que a divulgação obrigatória teria um impacto fortemente negativo sobre a inovação, dificultando o incentivo da Microsoft para criar novos produtos de software. Segundo a Microsoft, a divulgação obrigatória de informações de interoperabilidade permitiria aos concorrentes, essencialmente, copiar o software que a Microsoft havia desenvolvido e que as leis de propriedade intelectual protegiam. As autoridades europeias rejeitaram essa linha de raciocínio. Primeiro, a Microsoft só foi convidada a divulgar as informações do "gateway", e não o código-fonte do sistema operacional. Essa divulgação de informações de gateway permite que os concorrentes desenvolvam seu próprio software interoperável, mas não lhes dá uma passagem gratuita para simplesmente copiar e revender os produtos da Microsoft. [...] Em essência, as autoridades da concorrência descobriram que uma maior interoperabilidade ajudaria a nivelar o campo de jogo, ampliando a concorrência em geral. Isso, por sua vez, aumentaria, não diminuiria, a inovação por meio da diversidade. (GASSER; PALFREY, 2012, p. 97, tradução livre)[37].

---

[37] No original em inglês: "Microsoft's lawyers argued, among other things, that the mandated disclosure would have a strongly negative impact om innovation by hampering Microsoft's incentive to create new software products. According to Microsoft, the mandatory disclosure of interoperability information would allow competitors essentially to copy software that Microsoft had developed and that intellectual property laws protected. The European authorities rejected this line of reasoning. First, Microsoft was only asked to disclose 'gateway' information, not the source code of the operating system. This disclosure of gateway information empowers competitors to develop their own interoperable software, but it does not give them a free pass to simply copy and resell Microsoft's products. [...] In essence, the competition authorities found that more interoperability would help level the playing field by widening competition across the board. This is, in turn, would increase, not decrease, innovation through diversity".

O litígio, que durou mais de 10 anos, acabou sendo resolvido em uma composição em 2009. Antes disso, no entanto, a Comissão Europeia decidiu que a Microsoft deveria permitir a interoperabilidade entre seu sistema operacional e sistemas concorrentes. Contudo, a Comissão Europeia permitiu que a Microsoft cobrasse por royalties pelas informações disponibilizadas: "A Microsoft foi autorizada a cobrar uma taxa razoável pelas informações de interoperabilidade que precisava divulgar. O tribunal também deu à Microsoft uma significativa margem de manobra sobre como divulgou a informação solicitada" (GASSER; PALFREY, 2012, p. 96, tradução livre). Como resultado da decisão, a Microsoft mudou sua política de atuação e passou a adotar a interoperabilidade como princípio da empresa (GASSER; PALFREY, 2012, p. 98).

É evidente que a maior interoperabilidade pode, também, promover mais concorrência, inovação e diversidade, como demonstra o caso da Microsoft. De outro lado, há que se ter em conta, também, outros efeitos da exigência da interoperabilidade, como aqueles sobre a inovação e a concorrência. A decisão proferida no caso da Microsoft mostra que a preocupação do regulador deve ser balancear o nível adequado de interoperabilidade, a remuneração da empresa, a concorrência, o interesse do consumidor e a inovação. Não há dúvidas de que é uma equação desafiadora, tão complexa quanto a complexidade das próprias tecnologias.

Há um exemplo em que a intervenção do regulador afetou de tal forma o jogo entre os concorrentes que acabou por inverter a posição destes: o caso dos programas de mensagens instantâneas (IM, sigla em inglês para instant messages). Na década de 1990, a

[38] No original em inglês: "The dynamics changed dramatically with the merger of AOL and Time Warner in 2001. When the Federal Communications Commission (FCC) reviewed the AOL-Time Warner merger, it mandated that AOL stop blocking the attempts of its competitors to interoperate with AOL's IM software. Furthermore, the FCC requested that AOL take the initiative to pursue interoperability with other providers. [...] The FCC argued that there were network effects at work in the IM market. As a consequence, FCC contended, it needed to mandate greater levels of interoperability in order to increase competition and to empower consumers. The AOL IM case is another instance in which the role of the government was key in establishing a more interoperable ecosystem. Within only a few months of the FCC mandate, AOL's market share dropped, while Microsoft's and Yahoo's increased".

AOL era a líder em IM até que a Microsoft desenvolveu um IM que interoperava com aquele da AOL. Em resposta, a AOL bloqueou as tentativas dos concorrentes de se interconectarem com seu programa. O regulador interveio e o resultado foi o aumento da interoperabilidade e a queda do valor das ações da AOL:

A dinâmica mudou drasticamente com a fusão da AOL e da Time Warner em 2001. Quando a Federal Communications Commission (FCC) analisou a fusão da AOL-Time Warner, exigiu que a AOL parasse de bloquear as tentativas de seus concorrentes interoperarem com o software de mensagens instantâneas da AOL. Além disso, a FCC solicitou que a AOL tomasse a iniciativa de buscar interoperabilidade com outros provedores. [...] A FCC argumentou que havia efeitos de rede no mercado de mensagens instantâneas. Como consequência, afirmou a FCC, precisava exigir níveis mais altos de interoperabilidade para aumentar a concorrência e capacitar os consumidores. O caso AOL IM é outro exemplo em que o papel do governo foi fundamental para estabelecer um ecossistema mais interoperável. Dentro de apenas alguns meses do mandato da FCC, a participação de mercado da AOL caiu, enquanto a da Microsoft e do Yahoo aumentou. (GASSER; PALFREY, 2012, p. 68, tradução livre)[38].

Esse caso deixa claro que a imposição da interoperabilidade pelo regulador pode ter reflexos sobre a posição dos concorrentes e que, portanto, não pode olvidar a dinâmica de concorrência e o retorno de investimentos pelas empresas envolvidas. Em algumas situa-

[38] No original em inglês: "The dynamics changed dramatically with the merger of AOL and Time Warner in 2001. When the Federal Communications Commission (FCC) reviewed the AOL-Time Warner merger, it mandated that AOL stop blocking the attempts of its competitors to interoperate with AOL's IM software. Furthermore, the FCC requested that AOL take the initiative to pursue interoperability with other providers. [...] The FCC argued that there were network effects at work in the IM market. As a consequence, FCC contended, it needed to mandate greater levels of interoperability in order to increase competition and to empower consumers. The AOL IM case is another instance in which the role of the government was key in establishing a more interoperable ecosystem. Within only a few months of the FCC mandate, AOL's market share dropped, while Microsoft's and Yahoo's increased".

ções, a intervenção do Estado acarreta em imediato aumento da interoperabilidade, o que não equivale, sempre, ao melhor resultado:

> Uma palavra de cautela é necessária aqui. A progressão interoperabilidade-competição-inovação às vezes pode ser complicada. Alguns economistas argumentam que a interoperabilidade pode mesmo ter um efeito negativo sobre a inovação, levando a situações anticoncorrenciais. Por exemplo, acordos de definição de padrões entre empresas podem levar a mais interoperabilidade e mais inovações no curto prazo. No entanto, tais acordos podem levar uma única empresa ou algumas empresas a agir de forma anticoncorrencial no longo prazo. (GASSER; PALFREY, 2012, p. 120, tradução livre)[39].

Aqui, cabe voltar à lição de Posner (2000, p. 2-3) sobre a interoperabilidade e a inovação na nova economia. Como visto, o autor define a nova economia como aquela baseada em três elementos distintivos: manufatura de softwares computacionais, negócios baseados na internet e serviços de comunicações e equipamentos destinados a apoiar os dois primeiros. Segundo o autor, os três elementos da nova economia têm como características, entre outras: queda dos custos médios, exigência de capital modesto e taxas de inovação muito altas. A principal produção das indústrias da nova economia é a propriedade intelectual, nomeadamente o código informático, em vez de bens físicos; a propriedade intelectual, por sua vez, é caracterizada por pesados custos fixos em relação aos custos marginais. Aí reside a importância da proteção da nova economia baseada na tecnologia e, portanto, da inovação (POSNER, 2000, p. 2-3).

Os meios de pagamento eletrônicos são parte da nova economia, mencionada por Posner. São, assim, também caracteri-

---

40 No original em inglês: "The Appropriability principle focuses on the extent to which a successful innovator can capture the social benefits resulting from its innovation. In practice, appropriability depends heavily on the extent to which a firm can protect the competitive advantage associated with its inno-

zados pelo investimento em desenvolvimento de códigos computacionais, isto é, baseados em propriedade intelectual (ainda que não se protejam somente com direitos de propriedade intelectual, mas também com os altos custos de imitação). Assim como nos demais negócios da nova economia, nos meios de pagamento há um investimento alto no desenvolvimento e a apropriação posterior de resultados. E, para que haja incentivo à inovação na nova economia, é fundamental que haja, também, proteção ao investimento.

A apropriação dos resultados do investimento consiste no chamado "princípio da apropriabilidade", pelo qual o investidor pode proteger a vantagem competitiva associada à sua inovação. Nesse sentido é a lição de Shapiro:

> O princípio da apropriabilidade pode ser aplicado na medida em que um inovador bem-sucedido pode ser alcançado. Na prática, a adequação depende muito da medida em que uma empresa pode proteger a vantagem competitiva associada à sua inovação. Se a imitação é rápida, e portanto uma empresa que inova com sucesso não é capaz de diferenciar seus produtos ou obter uma vantagem de custo significativa em relação aos seus rivais, as antigas margens pós-lucro serão baixas e os incentivos à inovação serão nulos. Com imitação rápida e eficaz, uma contestabilidade pode ser de relevância limitada, uma vez que a empresa inovadora não poderá oferecer um valor superior aos clientes. (SHAPIRO, 2012, p. 364, tradução livre)[40].

vation. If imitation is rapid, so a firm that successfully innovates is unable to differentiate its products or achieve a significant cost advantage over its rivals, ex post profit margins will be low and innovation incentives will be muted. With rapid and effective imitation, contestability can be of limited relevance, since an innovating firm will not be able to offer superior value to customers".

[41] No original em inglês: "This trade-off between encouraging innovation and suffering the consequences of monopoly. [...] IPRs award temporary monopoly rights, something society does not want, in order to provide incentives to innovate, something the society does want. [...] there are suboptimal incentives to commit resources to innovation, since the temporary monopoly profits are less than the overall welfare improvement to society. This represents a possible market failure and is sometimes referred to as an appropriability problem".

A interconexão e a interoperabilidade podem ter efeito sobre a apropriabilidade do investimento e, portanto, sobre os incentivos para a inovação: se o investidor não puder colher os resultados da inovação, o incentivo ao investimento será subótimo. De outro lado, a proteção ao investimento significa a concessão de um monopólio temporário ao investidor, pois, enquanto o investidor colhe os resultados de seu investimento, seus concorrentes não podem ofertar soluções rivais. Deve haver, portanto, um equilíbrio entre incentivo à inovação e proteção ao investimento:

> Esse *trade-off* entre incentivar a inovação e sofrer as consequências do monopólio. [...] Os IPRs [direitos de propriedade intelectual] concedem direitos de monopólio temporários, algo que a sociedade não quer, a fim de incentivar a inovação, algo que a sociedade quer. [...] existem incentivos subótimos para comprometer recursos para a inovação, uma vez que os benefícios do monopólio temporário são menores do que a melhoria geral do bem-estar social. Isso representa uma possível falha no mercado e às vezes é referido como um problema de adequação. (GREENHALGH; ROGERS, 2010, p. 27-28 e 34, tradução livre) .

A interoperatividade, certamente, pode promover a inovação, ao permitir que diferentes empresas, instituições e sistemas interajam com novas combinações interoperáveis. Um exemplo é

---

42 No original em inglês: "Interoperability is an especially powerful tool for fostering innovation. Increased levels of interoperability at the right layer in a stack of technologies can lead to innovation at multiple levels. In the digital age, increased technical interoperability typically enables innovation at the human and institutional levels. As an example take Google Maps, a service that provides a basic infrastructure for geolocation information, upon which applications as diverse as restaurant guides or coordinated disaster relief efforts have been built. In theoretical terms, this quality is known as the generativity of the Internet. In other instances, interop-based innovations allow societies to harness the creative spirit of individual citizens. [...] Interoperability also can (but does not always) help ensure that we do not lock in substandard technologies".

43 No original em inglês: "[...] firms may have an even stronger incentive to be innovative in circumstances where low levels of interoperability promise high profits to any company that beats all its other competitors soundly".

a disponibilização de APIs como a do Google Maps, utilizada por milhares de outros sites na internet:

A interoperabilidade é uma ferramenta especialmente poderosa para promover a inovação. O aumento dos níveis de interoperabilidade na camada certa em uma pilha de tecnologias pode levar à inovação em vários níveis. Na era digital, o aumento da interoperabilidade técnica geralmente permite a inovação nos níveis humano e institucional. Como exemplo, tome o Google Maps, um serviço que fornece uma infraestrutura básica para informações de localização geográfica, sobre o qual foram desenvolvidas aplicações tão diversas como guias de restaurantes ou esforços coordenados de ajuda a desastres. Em termos teóricos, essa qualidade é conhecida como a generativity [capacidade de gerar] da internet. Em outros casos, as inovações baseadas em interoperabilidade permitem que as sociedades aproveitem o espírito criativo dos cidadãos individuais. [...] A interoperabilidade também pode (mas nem sempre) ajudar a garantir que não bloqueemos tecnologias de qualidade inferior. (GASSER; PALFREY, 2012, p. 111, tradução livre, grifos da autora)[42].

Nem sempre, como visto no exemplo dos TCC sobre *pinpads*, a interoperabilidade aumenta a competição. A maior interoperabilidade tampouco é sinônimo de mais inovação, pois pode reduzir o incentivo e a apropriabilidade: [...] "as empresas podem ter um incentivo ainda mais forte para serem inovadoras em circunstâncias em que baixos níveis de interoperabilidade prometem altos lucros para qualquer empresa que supere todos os outros concorrentes" (GASSER; PALFREY, 2012, p. 89, tradução livre, grifo da autora)[43].

[44] No original em inglês: "The benefits of creative innovation are rarely fully appropriated by the inventing firm. Firms that innovate by adopting the innovation can benefit from knowledge spillovers or from the use of the original innovation. For some innovation activities, imitation costs are substantially lower than development costs, so that an effective appropriation mechanism to provide an incentive to innovate may be required."

Uma vez feito o alto investimento no desenvolvimento do produto, o investidor espera colher os resultados de seu investimento. Nesse momento, abrir a utilização de seus produtos por concorrentes significa perder parte do retorno esperado e permitir o efeito carona:

> O benefício da inovação criativa raramente é totalmente apropriado pela empresa inventora. Os recursos da inovação criativa raramente são totalmente apropriados pela empresa inventora. As empresas que inovam adotando a inovação podem se beneficiar dos efeitos secundários do conhecimento ou do uso da inovação original. Para algumas atividades de inovação, os custos de imitação são substancialmente inferiores aos custos de desenvolvimento, de modo que um mecanismo efetivo de apropriação para incentivar a inovação pode ser necessário. (ORGANISATION FOR ECONOMIC CO-OPERATION AND DEVELOPMENT, 2005, p. 35, tradução livre)[44].

É necessário reconhecer que o retorno do investimento e os incentivos são capazes de motivar a adoção da interoperabilidade. Além do retorno de investimento, outro aspecto que influi na decisão de interoperabilidade é o efeito das externalidades de rede:

> Alguns mercados que apresentam interdependências caracterizadas como "externalidades de rede" para os participantes são, frequentemente, os que apresentam maiores desafios para seu desenvolvimento. As redes de cartão de débito, as redes compartilhadas de máquinas de atendimento automático e os sistemas de pagamentos de grande valor são exemplos disso. Essas interdependências de rede criam custos, riscos e benefícios comuns para os participantes da rede que vão além daqueles que cabem a cada um deles individualmente. À medida que novos participantes ingressam na rede, os membros atuais compartilham novas oportunidades de receitas e menores custos de participação. Entretanto, outras ex-

ternalidades podem desencorajar os participantes individuais de investir em novas tecnologias, padrões de serviço ou arranjos de interoperabilidade para a rede. Por exemplo, se, individualmente, os participantes considerarem que os custos e os riscos relacionados com investimentos em nova tecnologia ou procedimento para controle de riscos são excessivos comparativamente aos benefícios esperados, pode haver pouco incentivo para o investimento. Mesmo se alguns desses participantes desejarem investir, outros frequentemente relutarão em participar. Os benefícios resultantes do investimento poderiam ter efeitos no âmbito do sistema como um todo, favorecendo inclusive participantes competidores que, entretanto, não contribuíram para o investimento. Nesse caso, a cooperação no que diz respeito à alocação apropriada e recuperação de capital e dos custos operacionais, comparativamente aos benefícios, é um fator crítico para todos os participantes. (BANK FOR INTERNATIONAL SETTLEMENTS, 2006, p. 3, grifos da autora).

A cobrança de tarifas pela interoperabilidade é decorrência lógica da abertura das estruturas à concorrência. Essas tarifas devem cobrir o custo do investimento e ser suficientes para incentivar a inovação.

A análise dos efeitos da interoperabilidade sobre a concorrência e a inovação leva à conclusão de que mais interoperabilidade não implica, necessariamente, melhor concorrência e mais inovação. Pelo contrário, se não implementada de forma adequada, a interoperabilidade pode implicar efeitos negativos à concorrência e à inovação.

Como visto anteriormente, a interoperabilidade não é um fim em si. Pelo contrário, a interoperabilidade serve como instrumento para buscar o atingimento de outras finalidades. Ao analisar o histórico que levou à regulação dos meios de pagamento eletrônicos, foi possível aferir que o objetivo primordial foi garantir a segurança e a eficácia dos meios de pagamento eletrônicos. Nesse sentido, é justo afirmar que a interoperabilidade deve almejar promover segurança e eficácia no âmbito dos arranjos de pagamento. A interoperabilidade em níveis máximos, por outro lado, não é garantia de mais segurança e mais eficácia.

Assim, a aplicação da interoperabilidade no contexto dos pagamentos eletrônicos não pode olvidar o objetivo da sua adoção, qual seja, mais segurança e mais eficácia. E tais objetivos devem ser perseguidos com a ponderação com outros fatores de relevância, como o da proteção ao investimento como incentivo à inovação e à concorrência.

A análise das características da interoperabilidade demonstra que, indubitavelmente, há benefícios na sua adoção. De outro lado, mostra que é necessário ter cautela em sua aplicação, de modo a ponderar todos os fatores envolvidos e suas possíveis implicações. No contexto dos meios de pagamento, especialmente, conformados em uma complexa rede de contratos, a exigência de tal cautela assume ainda mais relevância.

CONCLUSÕES

O estudo sobre a origem das associações que formaram os sistemas de pagamento demonstra que os pagamentos eletrônicos, desde seu nascimento, atuam em co-opetition. Os atores das redes de pagamentos concorrem e cooperam dentro das mesmas plataformas e sob padrões comuns. A padronização e a cooperação demonstram, pois, que os pagamentos eletrônicos têm a interoperabilidade como seu âmago.

A análise histórica também leva à conclusão de que desde 2006 o Bacen já indicava a importância da regulação dos meios de pagamento, seja para assegurar a estabilidade da moeda e a solidez do sistema financeiro nacional, proporcionando eficiência e segurança dos pagamentos, seja para promover a inovação e o desenvolvimento dos meios de pagamento. Desde então o Bacen já indicava a necessidade de promoção da interoperabilidade nos meios de pagamento eletrônicos, especialmente dos terminais de aceitação, dos caixas eletrônicos e da infraestrutura de compensação e de liquidação financeira das transações.

Além da inclusão do princípio da interoperabilidade, as outras grandes mudanças trazidas pela regulação foram: proibição do condicionamento do licenciamento da atividade de adquirência à atividade de emissão e vice-versa; normas específicas para atuação de instituições não financeiras nas atividades de pagamento (instituições de pagamento); cisão dos conceitos de credenciadora e adquirente, elevando o prestador de serviços de rede (value-added-network) a participante dos arranjos de pagamento; inclusão das instituições domicílio como participantes dos arranjos de pagamento e previsão da grade única de liquidação; centralização da compensação e das liquidações dos arranjos abertos em uma única câmara de liquidação; e enquadramento dos facilitadores de pagamento e dos marketplaces que atuem na liquidação para os estabelecimentos comerciais como subcredenciadoras sujeitas à liquidação centralizada.

No tocante à interoperabilidade, o Bacen previu duas formas pelas quais ela pode ocorrer. A primeira é entre participantes de um mesmo arranjo de pagamento, hipótese em que se seguirão as regras prevista no regulamento de tal arranjo. As regras de interoperabilidade entre participantes de um mesmo arranjo devem ser não discriminatórias. A segunda forma de interoperabilidade prevista na regulação é aquela entre arranjos de pagamento. Dois arranjos de pagamento podem celebrar acordos de interoperabilidade para estabelecer regras e procedimentos para transações entre si.

O estudo da teoria da interoperabilidade mostrou, a partir do exemplo do transporte ferroviário, que a interconexão by design traz economia de custos e reduz a fricção de uso pelos consumidores. Já o exemplo da interconexão nas redes de telefonia mostrou que a lei brasileira e o Judiciário defendem a interconexão entre redes por questões de racionalidade econômica, assim como a cobrança de tarifas de interconexão como remuneração de ativo alheio. A comparação das redes de pagamento com as redes de telefonia e de transporte ferroviário permitiu a identificação de similaridades e diferenças entre elas.

A teoria da interoperabilidade, a seu turno, elucidou os benefícios e os riscos da interoperabilidade. Entre os benefícios da interoperabilidade, se destacam o empoderamento do consumidor, a redução de custos e o aumento da diversidade, da concorrência e da inovação. Na avaliação desses benefícios, devem ser sopesados os riscos da interoperabilidade, como perda de diversidade, vulnerabilidade de privacidade e segurança e aprisionamento a tecnologias. Além de sopesar os riscos, outro desafio para a adoção da interoperabilidade é definir o seu nível ótimo, já que nem sempre a maior interoperabilidade é a melhor interoperabilidade.

Considerando os riscos e os desafios da interoperabilidade, são propostas quatro etapas a serem seguidas para imposição da interoperabilidade pelo regulador: estabelecer uma boa razão para intervir; apontar objetivos da intervenção regulamentar (pois a interoperabilidade não é um fim em si mesma); considerar os fatos e as variáveis da situação, como concorrência e estado da tecnologia; e considerar quais mecanismos são mais susceptíveis de levar a um resultado desejável, como eficácia, eficiência e flexibilidade.

A análise histórica realizada no primeiro capítulo mostrou que a preocupação inicial do regulador era com a interoperabilidade entre caixas eletrônicos, terminais de aceitação e infraestruturas de compensação e de liquidação. Tais preocupações foram endereçadas pela regulação (com exceção da rede de ATMs, talvez pelo interesse em redução na circulação de papel-moeda, mas que de certa forma resolvido por uma solução privada). O que o regulador busca com a obrigatoriedade da interoperabilidade é ampliar a concorrência e aumentar a eficiência dos pagamentos eletrônicos. Como já endereçados os desafios de interoperabilidade antes identificados pelo regulador, a regulação parece ser voltada para a interoperabilidade no futuro, como a interoperabilidade por APIs abertas, por exemplo (o que refletiria a tendência europeia de regulação de interoperabilidade).

A decisão do regulador em intervir no mercado e impor a interoperabilidade deve levar em conta a dinâmica de concorrência, a eficiência de estruturas e o benefício à sociedade. A definição de interoperabilidade adotada pelo regulador no âmbito dos arranjos de pagamento é limitada a mecanismos que, "por meio de regras, procedimentos e tecnologias compatíveis" (BANCO CENTRAL DO BRASIL, 2013d), viabilizem o fluxo de recursos entre diferentes arranjos de pagamento ou permitam que diferentes participantes de um mesmo arranjo se relacionem. Portanto, a interoperabilidade, nos termos da regulação dos pagamentos eletrônicos, está adstrita àquela entre fluxos de pagamento.

A rede de pagamentos nasceu da conjunção de diferentes atores com objetivo comum, para atuarem de forma coordenada e cooperada. A interoperatividade entre os participantes de um arranjo de pagamento e o instituidor são a essência e a razão do nascimento desses sistemas. Ainda assim, a interoperabilidade entre participantes de um mesmo arranjo de pagamento é capaz de viabilizar novas formas de interação entre tais participantes, de modo a interoperar no fluxo de pagamentos, a exemplo da queda da preferência de domicílio bancário proporcionada pela adoção de grade única de liquidação.

De outro lado, a previsão de interoperabilidade entre arranjos de pagamento é algo novo e tem sido objeto das mais variadas interpretações, segundo os interesses de cada ator que pretende adotar a interoperabilidade. A utilização de um conceito aberto de interoperabilidade pode tanto derivar de falta e conhecimento do regulador sobre novas tecnologias como de uma flexibilidade propositar para abarcar modelos inovadores de negócios. De ambas as foras, a adoção de um conceito aberto de interoperabilidade possibilidade o enquadramento de novas tecnologias no âmbito da regulação sedimentada.

A maior interoperabilidade pode, também, promover mais concorrência, inovação e diversidade. De outro lado, há que se ter em conta também outros efeitos da interoperabilidade, como aqueles relacionados à inovação e à concorrência. Para garantir que não haja efeitos negativos da interoperabilidade sobre a inovação e a concorrência, deve ser assegurada a apropriação dos resultados do investimento. O conceito trazido pela regulação não impõe cessão de propriedade intelectual, tampouco significa gratuidade ou independência das regras. Assim, o incentivo à adoção da interoperabilidade deve ser a liberdade de modelagem de modelos de negócio com a devida apropriação do investimento. Para tanto, a cobrança de tarifas pela interoperabilidade é decorrência lógica da abertura das estruturas à concorrência.

Assim, a aplicação da interoperabilidade no contexto dos pagamentos eletrônicos deve ser feita com cautela, definição clara de um objetivo, remuneração adequada, proteção da privacidade e da segurança, sempre ponderando com outros fatores de relevância, como a proteção ao investimento como incentivo à inovação e à concorrência.

GLOSSÁRIO

API: Do inglês "application programming interface", em português, "interface de programação de aplicativos", é um conjunto de rotinas e padrões de programação para acesso a um aplicativo de software ou plataforma baseado na web.

ATM: Do inglês "automated teller machine", corresponde a caixa eletrônico.

Autorização: é o processo pelo qual uma transação de pagamento é aprovada pelo emissor de um cartão, por si ou por outrem em seu nome.

Chargeback: processo de disputa de transações como, por exemplo, contestação por fraude.

CIP: Câmara Interbancária de Pagamentos, presta serviços de liquidação centralizada.

Contactless: tecnologia de pagamento por aproximação, com a utilização de micro antena no interior do dispositivo de pagamento, por exemplo.

Fintech: Do inglês "financial technology", tecnologia para soluções financeiras.

Full acquirer: instituição que realiza atividades de credenciamento e de adquirência.

IM: Do inglês "instant messages", que são softwares de troca instantânea de mensagens como o ICQ e MSN.

IoT: Do ingês "internet of things", em português "internet das coisas", que diz respeito à comunicação entre objetos pela internet.

IP: Do ingês "internet protocol", corresponde a número de identificação dado a dispositivo conectado à internet.

ISO: Em inglês "International Organization for Standardization" e em português "Organização Internacional para a Padronização", entidade gobal que estabelece requisitos técnicos de padronização.

PDV: Ponto de venda, é o equipamento de recebimento de pagamentos com cartão nos pontos de venda. É também chamado de "terminal de aceitação" e popularmente conhecido como "maquininha".

Pinpad: São equipamentos de captura de transações com cartões eletrônicos que, por uma mesma máquina, conectam a várias credenciadoras.

POS: Em inglês, "Point of sale", corresponde ao PDV.

PSD2: Em inglês, "Payments Services Directive N. 2", a segunda diretiva europeia sobre pagamentos.

VAN: Do inglês "value-added-network", em português "Rede de Valor Agregado", é intermediário que presta serviços de recepção, armazenamento e transmissão de dados transacionais.

REFERÊNCIAS

ALSTYNE, Marshall; EISENMANN, Thomas Van; PARKER, Geoffrey. **Platform Networks – Core Concepts: Executive Summary**. 6 de maio de 2007. MIT Sloan. Disponível em: < http://ebusiness. mit.edu/research/papers/232_VanAlstyne_NW_as_Platform. pdf>. Acesso em 31 de março de 2018.

ARNER, Douglas W.; BARBERIS, Janos Nathan; BUCKLEY, Ross P. **The Evolution of Fintech:** A New Post-Crisis Paradigm? University of Hong Kong Faculty of Law Research Paper n. 2015/047; UNSW Law Research Paper n. 2016-62. 1 Oct. 2015. Disponível em: <http://ssrn.com/abstract=2676553>. Acesso em: 18 fev. 2018.

ASSOCIAÇÃO BRASILEIRA DAS EMPRESAS DE CARTÕES DE CRÉDITO E SERVIÇOS. **Autorregulação**. 2017. Disponível em: <http://www.abecs.org.br/associados-autorregulacao>. Acesso em: 4 fev. 2018.

ASSOCIAÇÃO BRASILEIRA DAS EMPRESAS DE CARTÕES DE CRÉDITO E SERVIÇOS. **Consulta Pública do Banco Central do**

Brasil nº 63/2018 – Comentários da Associação Brasileira das Empresas de Cartões de Crédito e Serviços ("ABECS"). 21 de junho de 2018. 2018a. Disponível em <https://www3.bcb.gov.br/audpub/ DetalharSugestaoPage?15-1.lLinkListener-form-dadosEntidade-DetalhamentoPanel-listaAnexosPanel-divListView-listViewAnexos-o-linkArquivo. Acesso em 26 jun. 2018.

ASSOCIAÇÃO BRASILEIRA DAS EMPRESAS DE CARTÕES DE CRÉDITO E SERVIÇOS. **Normativo nº 005, 2015.** Disponível em: <http://www.abecs.org.br/app/webroot/files/media/7/c/4/3c-93f23291a1099b83fc72b0655a7.pdf>. Acesso em: 19 ago. 2017.

ASSOCIAÇÃO BRASILEIRA DAS EMPRESAS DE CARTÕES DE CRÉDITO E SERVIÇOS. **Números do setor de meios eletrônicos de pagamento. 2018b.** Disponível em: <http://www.abecs.org.br/ app/webroot/files/media/0/8/a/4f5663d03ef150e15d87f9d65df68. pdf> Acesso em: 19 jun. 2018.

ASSOCIAÇÃO DE GESTÃO DE DESPESAS DE VEÍCULOS. **Consulta Pública 63/2018.** 21 de junho de 2018. Disponível em <https:// www3.bcb.gov.br/audpub/DetalharSugestaoPage?10-1.lLinkListener-form-dadosEntidadeDetalhamentoPanel-listaAnexosPanel-divListView-listViewAnexos-o-linkArquivo> Acesso em 26 jun. 2018.

AULETTA, Ken. **A Woman's Place:** Can Sheryl Sandberg upend Silicon Valley's male-dominated culture? The Newyorker, Annals of Communications, Nova Iorque, 11 jul. 2011. Disponível em: <https://www.newyorker.com/magazine/2011/07/11/a-womans-place-ken-auletta>. Acesso em: 9 jul. 2018.

BALDUCCINI, Bruno. **Aspectos jurídicos relevantes no Sistema de Pagamento Brasileiro.** In: SEMINÁRIO INTERNACIONAL

ARRANJOS E INSTITUIÇÕES DE PAGAMENTO, 2, 2015, Brasília, **Anais**... Disponível em: <http://www.bcb.gov.br/pom/spb/seminarios/2015_IISemArranjos/Painel4-1-BrunoBalduccini.pdf>. Acesso em: 19 ago. 2017.

BANCO CENTRAL DO BRASIL *et al.* **Relatório sobre a indústria de cartões de pagamentos de 2010. 2010.** Disponível em: <https://www.bcb.gov.br/htms/novaPaginaSPB/Relatorio_Cartoes.pdf>. Acesso em: 28 jan. 2017.

BANCO CENTRAL DO BRASIL. **Adendo estatístico ao diagnóstico do sistema de pagamentos de varejo no Brasil de 2011.** 2011. Disponível em: <https://www.bcb.gov.br/htms/spb/Diagnostico-Adendo-2011.pdf>. Acesso em: 28 jan. 2017.

BANCO CENTRAL DO BRASIL. **Agenda BC+ 2016.** 2016a. Disponível em: <https://www.bcb.gov.br/pec/appron/apres/Apresenta%C3%A7%C3%A3o_Presidente_Ilan_Goldfajn_Agenda_BC_Mais_20122016.pdf>. Acesso em: 19 ago. 2017.

BANCO CENTRAL DO BRASIL. **Circular 3.765,** de 28 de setembro de 2015. 2015a. Disponível em: <http://www.bcb.gov.br/pre/normativos/busca/normativo.asp?numero=3765&tipo=Circular&data=25/09/2015>. Acesso em: 28 jan. 2017.

BANCO CENTRAL DO BRASIL. **Circular 3.815,** de 7 de dezembro de 2016. 2016b. Disponível em: <https://www.bcb.gov.br/pre/normativos/busca/downloadNormativo.asp?arquivo=/Lists/Normativos/Attachments/50300/Circ_3815_v1_O.pdf>. Acesso em: 28 jan. 2017.

BANCO CENTRAL DO BRASIL. **Circular 3.842,** de 27 de julho de 2017. 2017a. Disponível em: <https://www.bcb.gov.br/pre/norma-

tivos/busca/downloadNormativo.asp?arquivo=/Lists/Normativos/
Attachments/50419/Circ_3842_v1_O.pdf>. Acesso em: 24 set. 2017.

BANCO CENTRAL DO BRASIL. **Circular 3.843**, de 23 de agosto de
2017. 2017c. Disponível em: <http://www.bcb.gov.br/pre/normati-
vos/busca/downloadNormativo.asp?arquivo=/Lists/Normativos/
Attachments/50424/Circ_3843_v1_O.pdf>. Acesso em: 24 set. 2017.

BANCO CENTRAL DO BRASIL. **Circular n. 3.683**, de 4 de novembro
de 2013. 2013a. Disponível em: <http://www.bcb.gov.br/pre/norma-
tivos/circ/2013/pdf/circ_3683_v1_O.pdf>. Acesso em: 28 jan. 2017.

BANCO CENTRAL DO BRASIL. **Circular nº 3.656**, de 2 de abril de
2013. 2013b. Disponível em: <https://www.bcb.gov.br/pre/norma-
tivos/busca/downloadNormativo.asp?arquivo=/Lists/Normativos/
Attachments/48962/Circ_3656_v1_O.pdf>. Acesso em: 28 jan. 2017.

BANCO CENTRAL DO BRASIL. **Circular nº 3.681**, de 4 de novembro de 2013. 2013c. Disponível em: <https://www.bcb.gov.br/pre/
normativos/busca/downloadNormativo.asp?arquivo=/Lists/Nor-
mativos/Attachments/48839/Circ_3681_v1_O.pdf>. Acesso em:
28 jan. 2017.

BANCO CENTRAL DO BRASIL. **Circular nº 3.682**, de 4 de novembro de 2013. 2013d. Disponível em: <http://www.bcb.gov.br/pre/
normativos/busca/normativo.asp?tipo=circ&ano=2013&nume-
ro=3682>. Acesso em: 28 jan. 2017.

BANCO CENTRAL DO BRASIL. **Circular nº 3.721**, de 25 de setembro de 2014. 2014a. Disponível em: <http://www.bcb.gov.br/pre/
normativos/busca/normativo.asp?tipo=circ&ano=2014&nume-
ro=3721>. Acesso em: 28 jan. 2017.

BANCO CENTRAL DO BRASIL. **Circular n° 3.735**, de 27 de novembro de 2014. 2014b. Disponível em: <http://www.bcb.gov.br/pre/normativos/busca/normativo.asp?tipo=circ&ano=2014&numero=3735>. Acesso em: 28 jan. 2017.

BANCO CENTRAL DO BRASIL. **Circular n° 3.885**, de 26 de março de 2018. 2018a. Disponível em: < http://www.bcb.gov.br/pre/normativos/busca/downloadNormativo.asp?arquivo=/Lists/Normativos/Attachments/50554/Circ_3885_v1_O.pdf>. Acesso em: 31 mar. 2018.

BANCO CENTRAL DO BRASIL. **Circular n° 3.886**, de 26 de março de 2018. 2018b. Disponível em: < http://www.bcb.gov.br/pre/normativos/busca/downloadNormativo.asp?arquivo=/Lists/Normativos/Attachments/50555/Circ_3886_v1_O.pdf>. Acesso em: 31 mar. 2018.

BANCO CENTRAL DO BRASIL. **Circular n° 3.887**, de 26 de março de 2018. 2018c. Disponível em: < http://www.bcb.gov.br/pre/normativos/busca/downloadNormativo.asp?arquivo=/Lists/Normativos/Attachments/50556/Circ_3887_v1_O.pdf>. Acesso em: 31 mar. 2018.

BANCO CENTRAL DO BRASIL. **Comunicado n° 25.306**, de 19 de fevereiro de 2014. 2014c. Disponível em: <https://www3.bcb.gov.br/normativo/detalharNormativo.do?method=detalharNormativo&N=114009277>. Acesso em: 28 jan. 2017.

BANCO CENTRAL DO BRASIL. **Comunicado n° 29.078**, de 4 de fevereiro de 2016. 2016c. Disponível em: <https://www.bcb.gov.br/pre/normativos/busca/normativo.asp?numero=29078&tipo=Comunicado&data=04/02/2016>. Acesso em: 28 jan. 2017.

BANCO CENTRAL DO BRASIL. **Custo e eficiência na utilização de instrumentos de pagamento de varejo**. 4 jul. 2007. 2007. Disponível em: <https://www.bcb.gov.br/htms/novaPaginaSPB/Nota%20T%E9cnica%20-%20Custo%20Eficiencia.pdf>. Acesso em: 28 jan. 2017.

BANCO CENTRAL DO BRASIL. **Dados estatísticos 2015**. 2016d. Disponível em: <http://www.bcb.gov.br/?SPBADENDO2015DADOS>. Acesso em: 28 jan. 2017.

BANCO CENTRAL DO BRASIL. **Departamento de Operações Bancárias e de Sistema de Pagamentos (Deban)**. Divisão de Sistemas de Pagamentos. Instruções para a prestação de informações de arranjos não integrantes do SPB. 2017d. Atualizado em 9 ago. 2017. Disponível em: <https://www.bcb.gov.br/htms/novaPaginaSPB/Instrucoes_prestacao_Informacoes_Arranjos_Nao_Integrantes.pdf>. Acesso em: 19 ago 2017.

BANCO CENTRAL DO BRASIL. **Diagnóstico do sistema de pagamentos de varejo no Brasil**. maio 2005. 2005. Disponível em: <https://www.bcb.gov.br/htms/novaPaginaSPB/Diagnostico%20do%20Sistema%20de%20Pagamentos%20de%20Varejo%20no%20Brasil.pdf>. Acesso em: 28 jan. 2017.

BANCO CENTRAL DO BRASIL. **Diretiva 1/2006**. 2006. Disponível em: <https://www.bcb.gov.br/htms/novaPaginaSPB/Diretiva-1-2006.pdf>. Acesso em: 28 jan. 2017.

BANCO CENTRAL DO BRASIL. **Edital de consulta pública 61/2018-BCB**, de 26 de março de 2018. 2018d. Disponível em: <https://www3.bcb.gov.br/audpub/DetalharAudienciaPage?12-1.lLinkListener-form-dadosEntidadeDetalhamentoPanel-linkArquivo>. Acesso em: 19 jun. 2018.

BANCO CENTRAL DO BRASIL. **Edital de consulta pública 62/2018-BCB,** de 26 de março de 2018. 2018e. Disponível em: <https://www3.bcb.gov.br/audpub/DetalharAudienciaPage?5-1. ILinkListener-form-dadosEntidadeDetalhamentoPanel-linkArquivo>. Acesso em: 19 jun. 2018.

BANCO CENTRAL DO BRASIL. **Edital de consulta pública 63/2018-BCB,** de 26 de março de 2018. 2018f. Disponível em: <https://www3.bcb.gov.br/audpub/DetalharAudienciaPage?2-1. ILinkListener-form-dadosEntidadeDetalhamentoPanel-linkArquivo>. Acesso em 26 jun. 2018.

BANCO CENTRAL DO BRASIL. **Estatísticas de Pagamentos de Varejo e de Cartões no Brasil.** 2017e. Disponível em: http://www.bcb.gov.br/?id=SPBADENDOS&ano=2016. Acesso em: 30 mar. 2018.

BANCO CENTRAL DO BRASIL. **FAQ:** arranjos e instituições de pagamento. 2017f. Disponível em: <http://www.bcb.gov.br/pre/bc_atende/port/arranjo.asp#23>. Acesso em: 19 ago.

BANCO CENTRAL DO BRASIL. **Grupo de trabalho de interoperabilidade (GT-IO) Relatório. 2016f.** Disponível em https://www.bcb.gov.br/pom/spb/seminarios/2016_Dez_ForumSPB/Relatório%20GT%20Interoperabilidade.pdf. Acesso em 31 mar. 2-18.

BANCO CENTRAL DO BRASIL. **Instituições que atenderam o art. 4º da Circular nº 3.682, de 4/11/2013.** 2017g. Disponível em: <http://www.bcb.gov.br/htms/novaPaginaSPB/ArranjosNaoIntegrantes-Relacao2015.asp?IDPAI=ARRANJOSNAOINTEG>. Acesso em: 28 jan.

BANCO CENTRAL DO BRASIL. **Liquidação centralizada racionaliza gastos e gera condições concorrenciais mais equânimes.**

Brasília, 7 ago. 2017h. Disponível em: <http://www.bcb.gov.br/pt--br/#!/c/noticias/143>. Acesso em: 31 jan. 2018.

BANCO CENTRAL DO BRASIL. **Relatório de inclusão financeira.** 2010b. Disponível em: https://www.bcb.gov.br/Nor/relincfin/relatorio_inclusao_financeira.pdf . Acesso em: 30 mar. 2018.

BANCO CENTRAL DO BRASIL. **Relatório de vigilância do Sistema de Pagamentos Brasileiro 2013.** 2014d. Disponível em: <http://www.bcb.gov.br/htms/novaPaginaSPB/RELATORIO_DE_VIGILANCIA_SPB2013.pdf>. Acesso em: 28 jan. 2017.

BANCO CENTRAL DO BRASIL. **Relatório de vigilância do Sistema de Pagamentos Brasileiro de 2014.** jun. 2015b. Disponível em: <http://www.bcb.gov.br/htms/novaPaginaSPB/Relatorio_de_Vigilancia_do_SPB_2014.pdf>. Acesso em: 28 jan. 2017.

BANCO CENTRAL DO BRASIL. **Relatório de vigilância do Sistema de Pagamentos Brasileiro de 2015.** 2016e. Disponível em: <http://www.bcb.gov.br/htms/novaPaginaSPB/Relatorio_de_Vigilancia_do_SPB_2015.pdf>. Acesso em: 28 jan. 2017.

BANCO CENTRAL DO BRASIL. **Resolução nº 2.882, de 30/08-2001.** 2001. Disponível em: <https://www.bcb.gov.br/pre/normativos/busca/downloadNormativo.asp?arquivo=/Lists/Normativos/Attachments/47065/Res_2882_v2_L.pdf>. Acesso em: 18 jun. 2017.

BANCO CENTRAL DO BRASIL. **Resolução nº 3.694, de 26/03/2009.** 2009. Disponível em: <https://www.bcb.gov.br/pre/normativos/busca/normativo.asp?tipo=res&ano=2009&numero=3694>. Acesso em: 18 jun. 2017.

BANCO CENTRAL DO BRASIL. **Resolução nº 3.919,** de 25/11/2010. 2010a. Disponível em: <https://www.bcb.gov.br/pre/normativos/ busca/downloadNormativo.asp?arquivo=/Lists/Normativos/Atta-chments/49514/Res_3919_v4_L.pdf>. Acesso em: 28 jan. 2017.

BANCO CENTRAL DO BRASIL. **Resolução nº 4.282,** de 4/11/2013. 2013e. Disponível em: <http://www.bcb.gov.br/pre/normativos/ busca/normativo.asp?tipo=res&ano=2013&numero=4282>. Aces-so em: 28 jan. 2017.

BANCO SANTANDER (BRASIL). **Cartão de crédito Santander pessoa física.** Disponível em: <https://www.santander.com.br/do-cument/wps/PF_Cartao_Contrato_Vigente.pdf>. Acesso em: 19 ago. 2017.

BANK FOR INTERNATIONAL SETTLEMENTS. **Orientação geral para desenvolvimento de sistemas nacionais de pagamentos. Suíça,** jan. 2006. Disponível em: <http://www.bcb.gov.br/htms/ novaPaginaSPB/OrientaçãoDesenvolvimentoDeSistemasNacio-naisDePagamentos.pdf>. Acesso em: 28 jan 2017.

BANK FOR INTERNATIONAL SETTLEMENTS. **Innovations in Re-tail Payments:** Report of the Working Group on Innovations in Re-tail Payments. Switzerland, May 2012. Disponível em: http://www. bis.org/cpmi/publ/d102.pdf>. Acesso em: 23 set. 2017.

BRASIL. Casa Civil. **Subchefia para Assuntos Jurídicos.** Decreto nº 3.505, de 13 de junho de 2000. Institui a Política de Segurança da Informação nos órgãos e entidades da Administração Pública Federal. Disponível em: <http://www.planalto.gov.br/ccivil_03/de-creto/d3505.htm>. Acesso em: 19 ago. 2017.

BRASIL. **Casa Civil**. Subchefia para Assuntos Jurídicos. Decreto nº 8.270, de 26 de junho de 2014. Institui o Sistema Nacional de Informações de Registro Civil - Sirc e seu comitê gestor, e dá outras providências. Disponível em: <http://www.planalto.gov.br/ ccivil_03/_Ato2011-2014/2014/Decreto/D8270.htm>. Acesso em: 19 ago. 2017.

BRASIL. **Casa Civil**. Subchefia para Assuntos Jurídicos. Decreto nº 8.539, de 8 de outubro de 2015. Dispõe sobre o uso do meio eletrônico para a realização do processo administrativo no âmbito dos órgãos e das entidades da administração pública federal direta, autárquica e fundacional. Disponível em: <http://www.planalto.gov.br/ccivil_03/_Ato2015-2018/2015/Decreto/D8539.htm>. Acesso em: 19 ago. 2017.

BRASIL. **Casa Civil**. Subchefia para Assuntos Jurídicos. Decreto nº 8.777, de 11 de maio de 2016. Institui a Política de Dados Abertos do Poder Executivo federal. Disponível em: <http://www.planalto.gov.br/ccivil_03/_ato2015-2018/2016/decreto/D8777.htm>. Acesso em: 19 ago. 2017.

BRASIL. **Casa Civil**. Subchefia para Assuntos Jurídicos. Lei nº 4.595, de 31 de dezembro de 1964. Dispõe sobre a Política e as Instituições Monetárias, Bancárias e Creditícias, cria o Conselho Monetário Nacional e dá outras providências. Disponível em: <http:// www.planalto.gov.br/ccivil_03/leis/L4595.htm>. Acesso em: 28 jan. 2017.

BRASIL. **Casa Civil**. Subchefia para Assuntos Jurídicos. Lei nº 10.214, de 27 de março de 2001. Dispõe sobre a atuação das câmaras e dos prestadores de serviços de compensação e de liquidação, no âmbito do sistema de pagamentos brasileiro, e dá outras providências. Disponível em: <http://www.planalto.gov.br/ ccivil_03/leis/LEIS_2001/L10214.htm>. Acesso em: 28 jan. 2017.

BRASIL. **Casa Civil.** Subchefia para Assuntos Jurídicos. Lei n° 12.662, de 5 de junho de 2012. Assegura validade nacional à Declaração de Nascido Vivo - DNV, regula sua expedição, altera a Lei no 6.015, de 31 de dezembro de 1973, e dá outras providências. Disponível em: <http://www.planalto.gov.br/ccivil_03/_ato2011-2014/2012/lei/L12662.htm>. Acesso em: 19 ago. 2017.

BRASIL. **Casa Civil.** Subchefia para Assuntos Jurídicos. Lei n° 12.681, de 4 de julho de 2012. Institui o Sistema Nacional de Informações de Segurança Pública, Prisionais e sobre Drogas - SINESP; altera as Leis nos 10.201, de 14 de fevereiro de 2001, e 11.530, de 24 de outubro de 2007, a Lei Complementar n° 79, de 7 de janeiro de 1994, e o Decreto-Lei n° 3.689, de 3 de outubro de 1941 - Código de Processo Penal; e revoga dispositivo da Lei n° 10.201, de 14 de fevereiro de 2001. Disponível em: <http://www.planalto.gov.br/ccivil_03/_ato2011-2014/2012/lei/l12681.htm>. Acesso em: 19 ago. 2017.

BRASIL. **Casa Civil.** Subchefia para Assuntos Jurídicos. Lei n° 12.865, de 9 de outubro de 2013. Dispõe sobre os arranjos de pagamento e as instituições de pagamento integrantes do Sistema de Pagamentos Brasileiro (SPB) [...]. Disponível em: <http://www. planalto.gov.br/ccivil_03/_ato2011-2014/2013/lei/l12865.htm>. Acesso em: 28 jan. 2017.

BRASIL. **Casa Civil.** Subchefia para Assuntos Jurídicos. Lei n° 12.965, de 23 de abril de 2014. Estabelece princípios, garantias, direitos e deveres para o uso da Internet no Brasil. Disponível em: <http://www.planalto.gov.br/ccivil_03/_ato2011-2014/2014/lei/ l12965.htm>. Acesso em: 28 jan. 2017.

BRASIL. Superior Tribunal de Justiça. Recurso Especial n. 1334843/ DF. Tim Celular S/A e outro x Global Village Telecom Ltda GVT. Relator ministro Mauro Campbell Marques, Segunda Turma, julgado em 27/11/2012, DJe 05/12/2012.

CAFAGGI, Fabrizio (Org.). **Contractual Networks**, Inter-firm Cooperation and Economic Growth. Cheltenham: Edward Elgar, 2011. p. 66-107.

CÂMARA BRASILEIRA DE COMÉRCIO ELETRÔNICO. **Edital de consulta pública 63/2018 do Banco Central do Brasil.** 21 de junho de 2018. Disponível em <https://www3.bcb.gov.br/audpub/ DetalharSugestaoPage?11-1.ILinkListener-form-dadosEntidade-DetalhamentoPanel-listaAnexosPanel-divListView-listViewAnexos-o-linkArquivo> Acesso em 26 jun. 2018.

CÂMARA INTERBANCÁRIA DE PAGAMENTOS. **Cartões de débito e de crédito.** 2014. Disponível em: < https://www.cip-bancos. org.br/Paginas/cartoesdebecred.aspx >. Acesso em: 31 mar. 2018.

CÂMARA INTERBANCÁRIA DE PAGAMENTOS. **Contrato de prestação de serviços Sistema de Liquidação das Transferências Interbancárias de Ordens de Crédito – SILOC.** 2017a. Disponível em: https://www.cip-bancos.org.br/dms/cip/solucoes/Siloc/ Adesao/Contrato-de-Prestacao-de-Servicos-Siloc/Contrato%20 de%20Presta%C3%A7%C3%A3o%20de%20Servi%C3%A7os%20 -%20Siloc.pdf>. Acesso em: 19 ago. 2017.

CÂMARA INTERBANCÁRIA DE PAGAMENTOS. **SILOC.** 2017b. Disponível em: <https://www.cip-bancos.org.br/Paginas/SILOC. aspx>. Acesso em: 31 mar. 2018.

CANALTECH. **O que é API?** 2017. Disponível em: <https://canal-tech.com.br/o-que-e/software/o-que-e-api/>. Acesso em: 29 jan. 2017.

CIELO. **Contrato de credenciamento ao sistema Cielo**. 2017. Disponível em: <https://www.cielo.com.br/wps/wcm/connect/ 88449592-56dc-4310-b2ce-da437e78b09a/Contrato_Credencia-mentoSiteCielo.pdf?MOD=AJPERES&CONVERT_TO=url&CA-CHEID=88449592-56dc-4310-b2ce-da437e78b09a>. Acesso em: 19 ago. 2017.

CIPOLI, Pedro. **O que é DNS**. 2017. Disponível em: <https://canal-tech.com.br/internet/o-que-e-dns/>. Acesso em: 18 fev. 2017.

CONSELHO ADMINISTRATIVO DE DEFESA ECONÔMICA. **Cade celebra acordos com Itaú, Rede e Hipercard para estimular con-corrência no mercado de meios de pagamentos eletrônicos**. Brasília, 15 abr. 2017. Disponível em: <http://www.cade.gov.br/ noticias/cade-celebra-acordos-com-itau-rede-e-hipercard-para--estimular-concorrencia-no-mercado-de-meios-de-pagamentos--eletronicos>. Acesso em: 18 fev. 2017.

CONSELHO ADMINISTRATIVO DE DEFESA ECONÔMICA. **Cade celebra acordo de cessação de prática com a Redecard**. Brasí-lia, 16, jun. 2014, alterado em 18 abr. 2016. 2016a. Disponível em: <http://www.cade.gov.br/noticias/cade-celebra-acordo-de-cessa-cao-de-pratica-com-a-redecard>. Acesso em: 20 jan. 2018.

CONSELHO ADMINISTRATIVO DE DEFESA ECONÔMICA. **Pare-cer n. 2/2016/CGAA2/SGA1/SG. Itaú Unibanco S.A. e Master-card Brasil Soluções de Pagamento Ltda**. Superintendência-Ge-ral do CADE. Brasília, 26 jan. 2016. 2016b. Disponível em: <http://

sei.cade.gov.br/sei/institucional/pesquisa/documento_consulta_externa.php?GkFRRer6VZssrkE_hNAGy3bspUWFqTpQ6yK-Co3m5yTblqVmtctz3KkufUYKvWlJD_u81zvGzQBthIGbvcgjtrw>. Acesso em: 19 ago. 2017.

CURY, Marcus Vinicius Quintella. **Nota técnica:** escolha entre a bitola larga brasileira e a bitola internacional padrão para a linha 4 do metrô do Rio de Janeiro. Rio de Janeiro, 5 jan. 2011. Disponível em: <http://marcusquintella.com.br/sig/lib/uploaded/producao/ESTUDO_DE_BITOLAS.pdf>. Acesso em: 28 ago. 2017.

DAMASCENO, Cassio Sergio. **Liquidação centralizada** In: FORUM SISTEMA DE PAGAMENTOS BRASILEIRO, Brasília, 14 dez. 2016, Anais... Disponível em: <http://www.bcb.gov.br/pom/spb/seminarios/2016_Dez_ForumSPB/Liquida%C3%A7%C3%A3o%20centralizada.pdf>. Acesso em: 19 ago. 2017.

DAMASCENO, Cassio Sergio. **Liquidação centralizada** In: FORUM SISTEMA DE PAGAMENTOS BRASILEIRO, Brasília, 19 maio 2017, Anais... Disponível em: <https://www.bcb.gov.br/Pom/Spb/Seminarios/2017-Mai-ForumAIP/CIP%20-%20Liquida%C3%A7%-C3%A3o%20centralizada.pdf>. Acesso em: 19 ago. 2017.

ECONOMIDES, Nicholas. **Features of Credit Card Networks.** Review – Federal Reserve Bank of St. Louis, p. 60-63, Nov.Dec. 1995. Disponível em: <http://www.stern.nyu.edu/networks/frbstlre.pdf>. Acesso em: 14 jan. 2018.

ECONOMIDES, Nicholas; LOPOMO, Giuseppe; WOROCH, Glenn A. **Strategic Commitments and the Principle of Reciprocity Interconnection Pricing (1998).** Information Systems Working Papers Series, 1998. Disponível em: <http://www.stern.nyu.edu/ne-tworks/reciprocity.pdf>. Acesso em: 13 jan. 2018.

ELO SERVICOS S.A. **Edital de consulta pública nº 63/2018-BCB.** Disponível em <https://www3.bcb.gov.br/audpub/DetalharSuges-taoPage?14-1.ILinkListener-form-dadosEntidadeDetalhamento-Panel-listaAnexosPanel-divListView-listViewAnexos-o-linkArqui-vo> Acesso em 26 jun. 2018.

EMPRESA BRASILEIRA DE CORREIOS E TELÉGRAFOS. **Vale Postal Eletrônico – Nacional**. Disponível em: <https://www.correios.com.br/para-voce/correios-de-a-a-z/vale-postal-eletronico-nacio-nal#tab-4>. Acesso em: 19 ago. 2017.

EMVCO. **What is, and What is its Role?** Disponível em: <https://www.emvco.com/faq.aspx?id=37>. Acesso em: 16 set. 2017.

EVANS, David. S.; SCHMALENSEE, Richard. **Paying with Plastic: The Digital Revolution in Buying and Borrowing**. 2. ed. Cambridge: MIT Press, 2005.

FEDERAÇÃO DO COMÉRCIO DE BENS, SERVIÇOS E TURISMO DO ESTADO DE SÃO PAULO. **Departamento de Operações Bancárias e de Sistema de Pagamentos (Deban) Banco Central do Brasil.** 21 de junho de 2018. Disponível em <https://www3.bcb.gov.br/audpub/DetalharSugestaoPage?9-1.ILinkListener-form-dadosEntidadeDetalhamentoPanel-listaAnexosPanel-divList-View-listViewAnexos-o-linkArquivo> Acesso em 26 jun. 2018.

FEDERAL COMMUNICATIONS COMMISSION. **Telecommunications Act of 1996.** 2013. Disponível em: <https://transition.fcc.gov/Reports/tcom1996.pdf>. Acesso em: 19 set. 2017.

FEDERAL TRADE COMISSION. **Credit Scores.** 2017. Disponível em: <https://www.consumer.ftc.gov/articles/0152-credit-scores>. Acesso em: 19 ago. 2017.

GASSER, Urs; PALFREY, John. **Interop:** The Promise and Perils of Highly Interconnected Systems. New York: Harvard University, 2012.

GENTILI, Massimo Paolo; VISCONTI, Roberto Moro. **Come valutare gli intermediari finanziari:** Sim, Sgr, fiduciarie, fondi chiusi e Sicav, hedge fund, fondi immobiliari, venture capital e private equity, holding, broker assicurativi, money transfer, securitization. Milano: EDIBANK, 2005. (Strumenti).

GREENHALGH, Christine; ROGERS, Mark. **Innovation, Intellectual Property, and Economic Growth.** Princeton: Princeton University Press, 2010.

HOCK, Dee. **Nascimento da era caórdica**. São Paulo: Cultrix, 2006.

INTERNET CORPORATION FOR ASSIGNED NAMES AND NUMBERS. **ICANN Archives.** Disponível em: <http://archive.icann.org/tr/portuguese.html>. Acesso em: 19 ago. 2017.

INTERNATIONAL ORGANIZATION FOR STANDARDIZATION. **About us.** 2017a. Disponível em: <https://www.iso.org/about-us.html>. Acesso em: 16 set. 2017.

INTERNATIONAL ORGANIZATION FOR STANDARDIZATION. **ISO/IEC JTC 1/SC 17 Cards and security devices for personal identification.** Disponível em: <https://www.iso.org/committee/45144/x/catalogue/>. Acesso em: 16 set. 2017. 2017b.

INTEROPERABILIDADE. In: Dicionário Priberam da Língua Portuguesa, 2008-2013, Disponível em: <https://www.priberam.pt/dlpo/opera>. Acesso em: 19 set. 2017.

ITAÚ SA. **Contrato de cartão pré-pago recarregável.** 2017. Disponível em: <https://www.itau.com.br/_arquivosestaticos/Itau/PDF/para-voce/cartao-de-credito/precisa-de-ajuda/contrato-cartao--pre-pago-recaregavel.pdf>. Acesso em: 19 ago. 2017.

KOMINERS, Paul. **Interoperability Case Study:** Internet of Things (IoT). Berkman Center Research Publication, n. 10, 1 Apr. 2012. Disponível em: <http://ssrn.com/abstract=2046984> ou <http://dx.doi.org/10.2139/ssrn.2046984>. Acesso em: 28 jan. 2017.

LACERDA, Sander Magalhães. **Ferrovias sul-americanas:** a integração possível. Revista do BNDES, Rio de Janeiro, v. 16, n. 31, p. 185-214, jun. 2009. Disponível em: <https://web.bndes.gov.br/bib/jspui/bitstream/1408/907/4/RB%2031_final_A.pdf>. Acesso em: 28 ago. 2017.

LIFE. **New York:** Life Publishing Company, 1970. Disponível em: <https://2neatmagazines.com/Life-Magazine-Covers/1970/Life--Magazine-1970-03-27.jpg>. Acesso em: 14 fev. 2018.

MASTERCARD INC. **How the payment process works.** 2017a. Disponível em: < https://www.mastercard.us/en-us/merchants/start--accepting/payment-process.html >. Acesso em: 31 mar. 2018.

MASTERCARD INC. **Mastercard Rules.** 1 Jun. 2017. 2017b. Disponível em: <https://www.mastercard.us/content/dam/mccom/global/documents/mastercard-rules.pdf>. Acesso em: 19 ago. 2017.

MENDES, Aldo. **O mercado de meios eletrônicos de pagamento:** o novo marco regulatório. In: CONFERÊNCIA COMISSÃO DE ECONOMIA – AJUSTES NO SISTEMA BANCÁRIO E SUAS REAÇÕES ÀS MUDANÇAS MACROECONÔMICAS. Rio de Janeiro, 2 dez. 2015, Anais... Disponível em: <http://www.bcb.gov.br/pec/appron/apres/Apresenta%E7%E30%20Aldo%20-%20Aberj%20-%202_Dez_2015%20FINAL.pdf>. Acesso em: 19 ago. 2017.

MERCADO PAGO. **Termos e condições de uso.** 2013. Disponível em: <https://www.mercadopago.com.br/ajuda/terminos-y-condiciones_299>. Acesso em: 18 fev. 2018.

MERCADOPAGO.COM REPRESENTACOES LTDA. **Edital de Consulta Pública 63/2018 – BCB.** Divulga minuta de circular que altera o Regulamento anexo à Circular nº 3.682, de 4 de novembro de 2013, disciplinando a interoperabilidade entre arranjos de pagamento. Disponível em <https://www3.bcb.gov.br/audpub/DetalharSugestaoPage?10-1.ILinkListener-form-dadosEntidade-DetalhamentoPanel-listaAnexosPanel-divListView-listViewAnexos-o-linkArquivo> Acesso em 26 jun. 2018.

NASDAQ. **Company IPO Overview MASTERCARD INC (MA) IPO.** 2017a. Disponível em: <http://www.nasdaq.com/markets/ipos/company/mastercard-inc-87022-46475>. Acesso em: 19 ago. 2017.

NASDAQ. **Company IPO Overview VISA INC.** (V) IPO. 2017b. Disponível em: <http://www.nasdaq.com/markets/ipos/company/visa-inc-748327-56731>. Acesso em: 19 ago. 2017.

ONADO, Marco. **Economia e regolamentazione del sistema finanziario.** 2. ed. Bologna: Mulino, 2004.

ORGANISATION FOR ECONOMIC CO-OPERATION AND DEVE-
LOPMENT. **Oslo Manual:** Guidelines for Collecting and Interpre-
ting Innovation Data. 3.ed. Paris: OECD Publishing, 2005. Disponível em: <http://dx.doi.org/10.1787/9789264013100-en>. Acesso
em: 7 fev. 2018.

PAYPAL DO BRASIL SERVICOS DE PAGAMENTOS LTDA. **Edital
de Consulta Pública BACEN nº 63/2018 – Interoperabilidade entre Arranjos**. Disponível em <https://www3.bcb.gov.br/audpub/
DetalharSugestaoPage?7-1.ILinkListener-form-dadosEntidade-
DetalhamentoPanel-listaAnexosPanel-divListView-listViewAne-
xos-o-linkArquivo> Acesso em 26 jun. 2018.

PEREIRA NETO, Caio Mario da Silva; PRADO FILHO, José Inácio de
Almeida. **Externalidades de rede e condutas anticoncorrenciais
no sistema financeiro:** um olhar sobre o mercado de meios de pagamentos. In: GOLDBERG, Daniel K. (Org.). Sistema financeiro: o
desafio da concorrência. São Paulo: Singular, 2008. v. 1. p. 111-136.

POSNER, Richard A. **Antitrust in the New Economy.** University of
Chicago Law & Economics Olin Working Paper, n. 106, Nov. 2000.
Disponível em: <https://ssrn.com/abstract=249316>. Acesso em:
28 jan. 2017.

REDE. **Contrato de credenciamento.** 2017. Disponível em: <ht-
tps://www.userede.com.br/pt-BR/Lists/Downloads/Attachmen-
ts/2/Contrato_Credenciamento_Adesao.pdf>. Acesso em: 18 jun.
2017.

RITTER, Lawrence S. *et al.* **Principles of Money, Banking, and Financial Markets**. Reading, Mass.: Addison-Wesley, 2000.

SAMOR, Geraldo. **Nova regra do BC ameaça empresas de marketplace.** Brazil Journal, 1 jun. 2017. Disponível em: <http://braziljournal.com/exclusivo-nova-regra-do-bc-ameaca-empresas-de-marketplace>. Acesso em: 19 ago. 2017.

SANTOS, Edson Luis dos. **Do escambo à inclusão financeira:** a evolução dos meios de pagamento. São Paulo: Linotipo Digital, 2014.

SCHUMPETER, Joseph A. **Teoria do desenvolvimento econômico.** Rio de Janeiro: Fundo de Cultura, 1961.

SCHUMPETER, Joseph A. **Treatise on money.** Aalten: The Netherlands Wordbridge, 2014.

SHAPIRO, Carl. **Competition and Innovation:** Did Arrow Hit the Bull's Eye? In: LERNER, Josh; STERN, Scott. The Rate and Direction of Inventive Activity Revisited. Chicago: University of Chicago Press, 2012. p. 361-404. Disponível em: <https://faculty.haas.berkeley.edu/shapiro/arrow.pdf>. Acesso em: 13 jan. 2018.

SICREDI. **Contrato de emissão e utilização do cartão de débito Sicredi.** 2017. Disponível em: <https://www.sicredi.com.br/html/para-voce/cartoes/cartao-sicredi-debito/arquivos/contrato-cartao-debito.pdf>. Acesso em: 19 ago. 2017.

SPETA, James B. **Handicapping the Race for the Last Mile?:** A Critique of Open Access Rules for Broadband Platforms. Yale Journal on Regulation, v. 17, n. 1, 2000. Disponível em: <http://digitalcommons.law.yale.edu/yjreg/vol17/iss1/3>. Acesso em: 16 set. 2017.

TENDÊNCIAS CONSULTORIA INTEGRADA. **Análise econômica dos benefícios advindos do uso de cartões de crédito débito.** set. 2011. Disponível em: <http://www.abecs.org.br/app/webroot/files/media/f/2/1/4a97bc8811e08c52cbff76272e4e0.pdf>. Acesso em: 18 jun. 2017.

TEUBNER, Gunther. **Coincidentia Oppositorum:** Hybrid Networks Beyond Contract and Organization. In: AMSTUTZ, Marc; TEUBNER, Gunther (Eds.). Networks: Legal Issues of Multilateral Co-operation. Oregon: Oxford and Portland, 2009. p. 3-30.

TRANSPORT FOR LONDON. **London Underground:** London's Transport – a history. 2017a. Disponível em: <https://tfl.gov.uk/corporate/about-tfl/culture-and-heritage/londons-transport-a-history/london-underground?intcmp=2777>. Acesso em: 28 ago. 2017.

TRANSPORT FOR LONDON. **London Underground:** What we do. 2017b. Disponível em: <https://tfl.gov.uk/corporate/about-tfl/what-we-do/london-underground>. Acesso em: 28 ago. 2017.

VERÇOSA, Haroldo Malheiros Duclerc. **Arranjos e instituições de pagamento (regulação e crítica).** Revista de Direito Empresarial – ReDE, v. 2, n. 1, p. 77-122, jan./fev. 2014.

VISA DO BRASIL EMPREENDIMENTOS LTDA. **Contrato de articipação da Visa do Brasil:** facilitadores de pagamentos. .017. Disponível em: <https://www.visa.com.br/dam/VCOM/re ional/lac/brazil/media-kits/documents/contrato-facilitadores-c -pagamento-spb-2.pdf>. Acesso em: 19 ago. 2017.

VISA DO BRASIL EMPREENDIMENTOS LTDA. **Cr tribuições consulta pública 63/2018.** Disponível em <https://w w3.bcb.gov.

br/audpub/DetalharSugestaoPage?13-1.ILinkListener-form-dado-sEntidadeDetalhamentoPanel-listaAnexosPanel-divListView-list-ViewAnexos-o-linkArquivo> Acesso em 26 jun. 2018.

VISA INC. **Visa Core Rules and Visa Product and Service Rules.** 22 abr. 2017. Disponível em: <https://usa.visa.com/dam/VCOM/download/about-visa/visa-rules-public.pdf>. Acesso em: 19 ago. 2017.

WIRECARD BRASIL. **Contrato de uso dos serviços Moip.** 2018. Disponível em: <https://moip.com.br/contrato/>. Acesso em: 18 fev. 2018.

WIZIACK, Julio. **Decisão do Cade sobre cartões abre conflito com a SDE.** Folha de S. Paulo, Dinheiro, São Paulo, 17 dez. 2009. Disponível em: <http://www1.folha.uol.com.br/fsp/dinheiro/fi1712200934.htm>. Acesso em: 14 jan. 2018.